U0579850

文明的邂逅

科影发现 编

茶叶之路

The Encounter of Civilizations on the Chinese Tea Road

中国科学技术出版社
·北京·

李德刚

著名纪录片导演、制作人。

主要纪录片作品有：《丝路·海疆》《极地跨越》《走进非洲》《北京—巴黎激情穿越》《嵩山》，担任《百年板声》《相声大师》《陕商寻踪》《茶叶之路》《唐山记忆》《中国高铁》《召唤》《中国女红》《我们的四十年》《航拍中国 第二季》《脱贫之后再出发》等多部纪录片总导演，《我和中国的故事》联合总导演以及《智造美好生活》执行总导演，《神秘的西夏》制片人等。

作品多次获得中央电视台优秀节目一、二等奖，入围 2014 年"金熊猫"国际纪录片节人文类奖，荣获 2015 年全国优秀科教节目纪录片类一等奖、第二十一届中国电视纪录片系列片"十优"作品、第八和第九届"纪录中国"创优评析人文自然类一等奖、第二十五届上海电视节白玉兰奖最佳纪录片入围奖，以及 2019 年中国电视节目展评展播短视频类最佳作品等奖项。

编委会：

主编：李德刚

副主编（执行主编）：周莉芬

成员：林毓佳　樊　川　刘　蓓　张　鹏
　　　　赵显婷　郭　艳　宗明明　郭海娜

内文设计：赵　景　陈　飞

图片来源：北京发现纪实传媒纪录片素材库
　　　　　　图虫网　123 图片库

序

万里茶路，驼铃悠悠

中国历史上最负盛名的国际贸易黄金通道有两条：丝绸之路和茶叶之路。相比较而言，丝绸之路更为著名，而茶叶之路却渐渐鲜为人知。

这是一条联结中国东部与俄国西部的商路，甚至在 18—19 世纪成为东西方贸易的主要通道，直到 20 世纪初它的重要性才慢慢减弱。

这条长约 1 万多千米，从中国东部发出，一路向北伸展，穿越茫茫戈壁，然后由东向西横跨西伯利亚，最终抵达俄国西部都市中心的漫漫商路，在亚欧大陆上持续兴盛了 200 多年。各方角色竞相登场，在亚洲腹地广袤的舞台上出演了一幕幕生动的历史活剧。

这其中，茶叶是这条商路上的主要贸易商品，而并非出自产茶区的晋商则是奔波在这条商路上采办、贩卖茶叶的主要贸易者。

每年，晋商们都会"挟资裹粮"，远行千里，奔赴中国东部的产茶区，一路辗转到湖南、湖北，选茶、制茶、打包转船，通过牛车、马帮、驼队长途贩运，将茶叶转运到山西、蒙古一带，远销俄国甚至更远的地方。

茶叶之路的兴盛与晋商的苦心经营、拼搏进取、诚信礼义的驼队精神密不可分。下江南、走西口、闯关东，晋商们所经历的艰辛，根本无法用文字概述，但他们所做的一切，却深深地影响和改变了亚洲西部游牧民族的生活习惯和饮食结构。

茶叶之路在历史上有着重要的地位，它不仅让西北地区的人们爱上了茶饮，而且让红茶走出国门、饮誉俄国，将中国茶文化传播到海外。

虽然，19世纪80年代之后，在各种因素的作用下，晋商驼路运茶的优势荡然无存，晋商茶帮走向衰落，万里茶路上再也看不见驼帮身影，但这条万里茶路上却永远地留下了茶叶的芬芳。

一片叶子，一条从东向西蜿蜒的万里茶路，三个国家，就这样被串联了起来，这段历史值得被后人铭记。

目录

陆羽《茶经》：「茶之为饮，发乎神农氏。」中国是茶的故乡，孕育出世界上最早的茶树，中国人由此首创了饮茶。

第一辑

茶的故乡

青藏高原地区地势高耸，地形复杂

饮茶源起

茶的故乡

中国是茶的故乡，这里的土地孕育了世界上最早的茶树。

经科学考证，茶起源于青藏高原东南边缘的山谷之中，最先种植和享用茶叶的民族是喜马拉雅山东南部山麓的傣族。也是他们，将茶从青藏高原带了出来，让茶叶被世人所认识和喜爱。在距今 2000 年前，茶成为中国人重要的饮料，茶的饮用和茶叶种植遍及中华大地。

中国最早关于茶的文字记载是公元 758 年唐代茶学家陆羽写就的《茶经》："茶者，南方之嘉木也。一尺、二尺乃至数十尺。其巴山峡川，有两人合抱者，伐而掇之，其树如瓜芦……"可见，在唐代甚至更早时，西南地区已经出现了茶树的身影。

陆羽雕像

陆羽

陆羽（公元 733—804 年），复州竟陵（今湖北天门市）人，唐代茶学专家，编纂了世界上第一部茶叶专著《茶经》，被誉为"茶仙""茶圣"。《茶经》是中国茶文化的核心典籍，也是世界上最早的关于茶的专著，被誉为"茶叶百科全书"。它成书于公元 780 年，分上、中、下 3 卷，7000 余字，是一部关于茶叶生产的历史、源流、发展状况、技术以及饮茶技艺、茶道原理的综合性论著。

珍稀野茶树

曾经，人们一度以为中国野山茶树已不复存在。

19世纪，西方一批所谓的植物学家来到中国，走遍险山峻岭寻找野生茶树，并将它们连根挖走、运离中国，给中国的野山

古茶树

茶树储备造成了很大的影响。

幸运的是，近现代时，人们在南方的云南、贵州、四川、广西、湖南等几大重要产茶省区，陆续发现野生大茶树 200 多处，甚至在云南省千家寨找到一棵树龄 2700 多年的茶树王。

2017 年，专家组甚至在云南省新平县大帽耳山附近找到了一个由 7 棵树龄在 1000 年以上的野生型乔木古茶树形成的野生茶树群。这在世界范围内都是绝无仅有的。野茶树是当之无愧的中国瑰宝，近些年来也开始被人们重视和更好地保护起来。

产茶区

茶，山茶科山茶属的一种，多年生常绿木本植物。人们将茶树或茶树新梢芽叶加工品统称为茶。因加工方法各异，不同嫩度的芽叶可制成不同品质的成茶，如红茶、绿茶、乌龙茶、黑茶、白茶、黄茶和再加工茶等。

目前，我国产茶区主要分布在北纬 18°～38°、东经 92°～122° 的广阔大地上，地跨 20 个省（自治区），共计 1000 多个县市产茶。中国农业科学院茶叶研究所将其划分为四大产茶区，即江南茶区、江北茶区、华南茶区和西南茶区。其中，福建省和浙江省茶叶产销名列前茅，共占全国茶叶产量的三分之一。

制作工艺不同，茶汤颜色也不同

高空俯瞰四川蒙顶山茶园

茶，并不是刚一出现就与人们的生活紧密联系起来的。最初，茶树只见于野外，天生天长、无人管理，直到它们被人类祖先发现。后来，人类祖先逐渐驯化并栽培茶树，茶才开始走进人类的生活。

人们发现，茶树的根、茎、叶、花、果，都有着极高的利用价值；经过驯化，茶树的形态，也逐渐从乔木大叶茶树向灌木中小叶茶树演变；生长区域也从最初的青藏高原到如今几乎遍布全国，中国的产茶区域变得越发广阔。人们因地制宜，发明出不同的制茶工艺，创造出形态、样式数不胜数的茶品。从培育茶种到采摘茶叶、从制茶到品茗的过程，人们都虔诚对待。

茶树性喜温暖湿润气候，要求年降水量1000毫米以上。茶树适宜在漫射光下，在20～25摄氏度的温度条件下生长发育，而当平均气温达到10摄氏度以上时，新芽就会萌动。通常，一棵茶树一生会经历幼苗期、幼年期、成年期和衰老期4个阶段，其生物学年龄可达一二百年，而经济年龄一般为40～50年。

不仅如此，茶还有了文化上的深刻内涵，古人甚至将茶视作能沟通天地的生命体。在中国人看来，茶如人生，先苦后甜，先浮后沉。茶文化逐渐融入中华民族的血脉中，成为人们生活不可或缺的部分，更是中华文明积淀中的一环。

神农试茶

茶是如何走进人们生活的呢？有这样一个美丽的传说。相传，5000 多年前，中华先祖之一的神农氏，在试吃野草时中了毒，全身疼痛难忍。为了解毒，他又试吃了很多植物，但都毫无效果。

这天，神农氏难受地倚靠在一棵大树底下，一阵风吹来，树上纷纷扬扬落下一些树叶。他捡起一片放进嘴里嚼了嚼，感觉到一阵涩味，细品还带着点点甘甜，他就将叶子咽下了肚。

神农氏静坐了一会儿，他发现身上的疼痛减轻了，自己体内像被什么东西清洗过一样，变得干净清爽起来。他给这种植物取名叫"茶"。茶者，苦茶也。神农氏将茶叶带回了部族，后来人们发现，茶遇水会散发出一种芳香，于是茶便作为一种兼具药效和养生功能的饮料诞生了。

神农氏

与燧人氏（发明用火和熟食）、伏羲氏（发明渔猎畜牧）并称为中国远古传说中的"三皇"。神农氏被称为"医学和农业之父"。传说，他最早教民为耒、耜以兴农业，并尝百草为医药以治百病。神农氏即"炎帝"，是上古时期姜姓部落的首领，与"黄帝"轩辕氏一起，被中华各族人民奉为共同的祖先。

古人的治病良药

茶之所以被人们当作治病良药，是因为茶叶中富含多种微量元素。

科学研究发现，茶叶中含有 500 多种化学成分。其中，茶多酚能增强微血管韧性，防止中性脂肪和胆固醇的积累，抑制动脉硬化，并有杀菌消炎和抗辐射损伤的作用；咖啡因有兴奋中枢神经、消除疲劳、促进消化等功效。

因此，在人类社会早期，医学不发达的情况下，茶就被人们视作上天赐予的圣物，是治病的良药。

茶的功效

　　茶叶成分大致分为有机成分和无机成分两大类，其中有机成分占茶叶干物质的95%左右，主要是茶多酚、糖类、蛋白质、氨基酸、茶碱、碳水化合物、果胶、色素、维生素、芳香物质、类脂、皂苷等；无机成分包括钾、钠、钙、硫、磷、铁、锌、硒、铅、镍等数十种金属和非金属化合物。

　　茶叶兼具营养与药理两方面功效。一方面，茶叶中的蛋白质、氨基酸、碳水化合物、维生素、类脂、钾、钠、钙、铁、锌、硒等是对人体健康具有营养的物质；另一方面，茶叶中的茶多酚、茶碱、茶多糖、茶氨酸等也有防病治病的保健功效。

茶与茶园

营养物质含量图

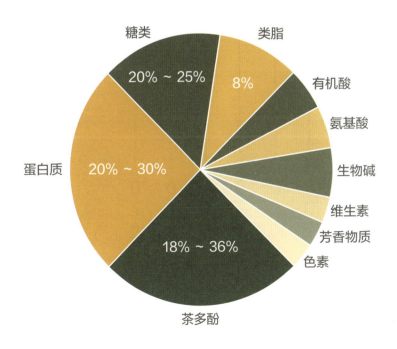

糖类 20%～25%
类脂 8%
有机酸
氨基酸
生物碱
维生素
芳香物质
色素
蛋白质 20%～30%
茶多酚 18%～36%

采摘茶叶

饮茶文化形成

从最初的一片片树叶被我们的祖先放进唇齿间咀嚼，到后来被人们当作草药煎制或是碾磨吞服，再到将鲜叶做成茶饼冲泡……不知不觉，茶已陪同炎黄子孙走过了几千年。茶的样子在变，人们喝茶的方式在变，但不变的是，人们千百年来对茶的沉醉。

不同时期，人们饮茶方式不尽相同。周代人把茶当菜煮着吃；秦汉时，人们将鲜叶晒干或晾干后"煮作羹饮"，六朝时期，四川的农人将茶饼弄碎，加上葱、姜、盐、香料、陈皮等，加水煎煮当药来服用。

到了唐代，人们采用了更为简便的泡制方法：一种是把茶叶碾成细末，放进加了盐的开水中制成酽汤饮用；另一种是把鲜叶加工成的茶饼掰成碎块，加盐煮开后饮用。这时的制茶技术也大有改进，人们已能以"蒸青团茶"的方式制茶了。

蒸青团茶

唐代茶叶的制作方式。首先将新鲜采摘的茶树叶洗净，置于甑中上火蒸去除青草气；然后放入臼中用杵捣碎，放入大小不同的圆形模子中拍紧成饼形；再在茶饼中穿凿一孔，用竹条穿好，放焙灶上烘干封存待用。用这种方法制成的茶，外形通常呈团饼状。

普洱特有的金瓜贡茶

宋人爱将茶叶碾成细末来斗茶

    宋代，各地涌现出很多"茗茶"，即可令人仔细品味的茶叶制品。人们发展了茶末冲泡的方式，茶末中加入开水，趁热用竹帚把茶汤搅出沫来。并出现了品茶比赛，即"斗茶"。这时的饮茶，开始具备了社交功能。

    元代开始，蒙古人改变了饮茶的方法，他们爱在茶汤里加入盐和奶，奶茶就这样被发明出来；他们还尝试在茶中掺入兰花、莲花、肉桂、橙花、玫瑰等香料，并会在喝茶时佐以一些小吃或点心。

宋人斗茶品过程

① 碎茶　② 碾茶　③ 罗茶　④ 茶末置盒

⑤ 撮末于盏　⑥ 点茶　⑦ 搅拌茶末　⑧ 置茶托

斗茶

也叫斗茗，始于唐，盛于宋，是文人雅士之间赛茶雅玩的生活情趣活动，具有很强的竞争性。

古代茶叶大都做成茶饼，斗茶者取出所藏好茶，将其碾成粉末，烹煮后邀请众人品尝，饮用者连茶粉带茶水一起喝下，并品评分出各茶的优劣。

斗茶内容大致包括斗茶品、行茶令、茶百戏三个方面。斗茶品一看茶汤色泽是否鲜白，二看汤花持续时间长短；为助兴增趣，古人还会吟诗作赋，即行茶令；茶百戏则主要考验斗茶者的沏茶和绘画技艺，即看谁能使汤花呈现出瑰丽多变的景象。

明代人创立了在茶壶中泡制香茶的饮用方式，还由此制作出了造型精美的茶壶和茶杯；清代茶人则不断改进茶叶发酵技艺，从而创造出更多不同香型和品类的茶品来，半发酵的乌龙茶就是这时创发出来的。

茶，从西汉时王室、官宦之家的高雅消遣，到唐代之后变成寻常人家也能喝得起的普通饮料，就这样开始走进千家万户，成为人们生活不可或缺的部分。

黑釉盏

敬茶

茶香飘世界

茶树驯化

来自森林的茶叶，山野之气强烈，初喝苦涩但回甘迅猛，很快唇舌间便被甜香占满。被这抹甜香征服的人类，开始广泛地移植和人工驯化茶树。

秦始皇统一中国后，茶叶由四川陆续传入陕西、甘肃、河南等地。在自然与先民的调养下，高大的茶树逐渐演化为易于采摘和管理的小叶种灌木。正是这些低矮灌木上长出的鲜嫩芽叶，被精制成中国的众多名茶。

从西汉到南北朝的几百年间，茶树种植逐渐发展到长江中下游、华南、淮河流域及岭南各地。敬茶礼仪也作为一种普遍的待客仪式在全国各地出现。

到了唐代，茶叶生产进入兴盛时期。据记载，当时全国共有 44 个县产茶。唐德宗时期，国家正式开始对茶叶交易征税，把茶叶生产和贸易作为国家财政收入的一个来源。

半发酵茶

即青茶、乌龙茶，制作方法介于绿茶与红茶之间，即鲜叶采摘后，经过萎凋、摇青、做青、炒青、揉捻以及干燥等工序后制出的茶类。半发酵茶既有不发酵茶的特性，又有全发酵茶的特性，主要营养成分是茶多酚和咖啡因。半发酵茶泡开后叶底"绿叶红边"，喝起来回味甘鲜。因其在分解脂肪、减肥健美等方面有突出效果，也被称为"美容茶""健美茶"。

乌龙茶

茶叶远销海外

　　茶叶，作为重要的外销品，和瓷器、丝绸一起，沿着丝绸之路或深入沙漠或漂洋过海，远销各国。茶文化更是作为一种文化形态和生活方式输出，一走出国门，就受到世界各地人们的喜欢和追捧。

　　中国茶最早走出国门，是在隋文帝开皇年间，随着佛教文化传播到日本，中国饮茶风俗也随之传入日本。唐德宗贞元年间，日本僧人到中国习佛法，回国时带回了茶种，茶由此在日本栽培并传播开来；9世纪初，韩国人开始学着喝茶。

　　18—19世纪，饮茶之事陆续传到亚洲其他国家，印度

远航的商船

世界三大非酒精饮料

无冕之王

| 可可 | 茶 | 咖啡 |

尼西亚、印度和斯里兰卡（原称锡兰）等国，开始从中国引入茶籽并生产茶叶；非洲则在 19 世纪 50 年代前后开始种茶。

欧洲人是在 13 世纪马可·波罗来中国后开始知道饮茶之事的，开始尝试喝茶却是在 16 世纪中叶。到 17 世纪初，欧洲人才开始从中国大量购买茶叶。俄国从中国引入茶籽的时间更迟一些，到 1883 年才开始在国内大面积种植茶树。

现今，全世界产茶的国家已有 50 多个，茶与可可、咖啡一起，并称为当今世界的三大非酒精饮料，成为全世界人民日常生活中不可缺少的组成部分。

英国下午茶流行

　　1550 年，欧洲人听说在遥远的中国有一种能冲泡饮用的奇妙树叶叫"茶"；1612 年，荷兰东印度公司携带少量茶叶回国，这是欧洲人第一次见到茶叶；1651 年，荷兰人正式将茶叶运往欧洲进行销售。

　　1657 年，荷兰人将中国红茶带到英国，茶叶与新引进的咖啡一起进入伦敦公众聚饮的场所——咖啡馆。

　　但真正将茶文化带入英国的是一桩世纪婚姻。1662 年，英国国王查理二世迎娶葡萄牙公主凯瑟琳，凯瑟琳很喜欢喝茶，她的嫁妆里竟然有一箱中国红茶和一套中国景德镇青花瓷茶具。婚礼当天，凯瑟琳特意在宫廷演示了高雅的饮茶文化。

一杯红茶

茶具

　　指茶托、茶碗、茶瓶、茶碾、茶罗等。中唐时期，随着饮茶之风在全国推广，人们从饮食器皿中明确地分化出饮茶专用的茶具来。因不同时期饮茶习俗不同，也催生了不同的茶具。如唐代的茶一般为绿色，故唐人多选青瓷碗或白瓷碗；宋代茶色尚白，又兴起了斗茶之风，故宋人多用深色的碗增加对比，因此宋代多用黑釉茶盏。从唐代开始，江西省景德镇就因盛产色泽素润的瓷器而闻名天下，后来甚至被人们称为"瓷都"。

英国伦敦大本钟

查理二世的妻子凯瑟琳

当一只只精美的景德镇青花瓷捧至眼前，看着杯中的红汤，闻着馥郁的茶香，王公贵族们禁不住发出一片惊呼。在这之前，他们从未喝过这样有着一股无以名状的异香、细品又回味无穷的饮料。一时间，茶文化在英国上流社会流传开来，饮茶成为王室贵族争相模仿的时尚。凯瑟琳是第一个将红茶和饮茶文化带入英国的人，因此在民间获得了"饮茶皇后"的称号。

英国东印度公司为迎合英国王室的这一嗜好，特意从荷兰人手里或直接从中国购进茶叶，作为珍奇的礼物呈送给英王。

听说这种小树叶香味隽永、口感柔和，英国国民也由此争相饮用。到了18世纪，茶叶已经成为英国人生活中必不可少的饮料，每个家庭不管地位高低，空闲时都会喝上一两杯茶。

福建武夷山金骏眉

红茶

因冲泡后的茶汤和叶底色呈红色而得名，属于全发酵茶类。红茶是以茶树的芽叶为原料，经过萎凋、揉捻、发酵、干燥等工艺精制而成。红茶中茶多酚、茶黄素、茶红素丰富，冲泡后红汤红叶，滋味浓醇。著名的红茶有安徽祁门红茶、云南的滇红茶、海南红碎茶、福建武夷山红茶金骏眉等。

凯瑟琳皇后

查理二世

下午四点英国人因茶停了下来

茶被英国人所接受

　　伦敦街头流传的一首民谣这样唱道："当时钟敲响下午4点，世上一切瞬间为茶而停下。"英国的下午茶文化由此形成，并直接影响着英国人的日常生活习惯。

　　18世纪一位到英国旅行的意大利人，曾讲述他的见闻：即使是女仆，每天也会喝两次茶来显示身份。甚至，她们会将此作为条件事先写进与主人的劳动契约里。

英国下午茶文化形成

英国人餐桌上少不了茶

后来，英国人在茶里加入了牛奶和白糖，还会搭配上一些点心，来补充能量。

茶叶之所以能够在英国人生活中迅速普及，还与茶叶具有的药用价值有关。当时伦敦街头有这样一则茶叶广告：茶具有舒筋活血，治疗头痛、眩晕、忧伤，消除脾胃不适的功效。英国人因此形容茶叶是"上帝的草"，并通过饮茶保持身体健康。

英国人爱茶、好茶，但限于本国气候无法自主种茶，所有茶叶都依赖于从中国进口，因此财政支出巨大。据统计，仅1710年至1760年的50年间，英国就花费价值2600万英镑的白银（也就是上亿两白银）购买茶叶；到18世纪70年代后，英国每年因为进口大清茶叶就会外流白银250多万两。

为了改变这一贸易逆差，英国人想到了鸦片，他们在印度大量种植罂粟制成鸦片，再拿到大清来换取茶叶等物品，从而维持贸易平衡，后来甚至不惜发动鸦片战争，来弥补购茶造成的大量白银外流。

英国人形容茶叶是"上帝的草"

英国王室将饮茶文化推广全国

茶路兴起

地理大发现

事实上，从 15 世纪末开始，随着欧洲资本主义国家的兴起，这些国家的中央王权和大小贵族便开始迫切要求向海外扩张，寻找土地和黄金。

当时，在西欧广为流传的《马可·波罗游记》，以夸张的笔法描述了中国及其他东方国家的富庶。黄金梦驱使着欧洲的贵族、商人、航海家和探险家们远航东方。而西欧造船术的进步、地理知识的积累、地圆说的传播，以及由中国传入的罗盘的运用，都为欧洲人远航东方提供了条件。

但在当时，地中海东部的商路，以及经埃及出红海通往印度洋的航路，分别被土耳其人和阿拉伯人所控制，地中海区域的中介贸易受到阻滞。西欧各国的商人、航海家和探险家们急于探寻一条不经地中海东部地区而直达东方的航线。

经过此后一个多世纪的地理大发现，葡萄牙人和西班牙人打通并控制了从大西洋绕非洲南端好望角经印度洋前往南亚和中国的海路；晚了一步的英国、荷兰等国也想去东方贸易，不得不转向北方。此时，俄国人已经越过乌拉尔山，进入西伯利亚，建立起了秋明、托波尔斯克、托姆斯克等城堡，西伯利亚已经成为俄国的领土。

17 世纪晚期，英国人苦于海路不通，求助于俄国，要求俄国允许他们假道西伯利亚，探寻前往印度和中国的道路。有趣的是，沙皇统治者伊凡四世拒绝了英国的请求，却随之派人找寻通往中国的道路。

马可·波罗

马可·波罗 (Marco polo)

马可·波罗（1254—1324年），13世纪来自意大利的世界著名的旅行家和商人。是闻名多年首条一夫过陆上丝绸之路海
中国第门的第一人。马可·波罗在中国17年，

岩茶

武夷岩茶，中国传统名茶，因产于福建闽北武夷山一带而得名。武夷山岩石风化后形成的土壤，很适宜茶树生长，加之山泉水的浸润，赋予了茶品特有的岩韵——岩骨花香。

武夷岩茶属半发酵青茶，制作方法介于绿茶与红茶之间，茶叶既有绿茶的清香，也有红茶的甘醇，是中国乌龙茶中之极品。

最著名的武夷岩茶当属武夷大红袍，芽叶呈紫红色，冲泡后叶片呈现"绿叶红镶边"的奇状，元明时期就成为皇家贡品，有"茶中之王"的美誉。

武夷山风光

武夷岩茶

俄国与中国接壤，俄国人与中国茶结缘更是早于 16 世纪中叶，不过在随后的一个多世纪里俄国人对中国茶却并不热衷。一直到 18 世纪，中俄之间才开始了茶叶贸易，并一直持续到 20 世纪。

在长达 250 多年间，从中国南方到俄国圣彼得堡出现的这条贸易通道，便是历史上著名的"茶叶之路"，路途逶迤绵延了 1.3 万千米之远。

这条茶路上运送茶叶的起点，就是位于中国福建省北部的武夷山地区。

自古以来，武夷山以好山、好水、好茶闻名遐迩。这里青山翠谷，气候温暖湿润，从唐代开始就是中国重要的产茶区。到明末清初，这里更是成为中国茶传往西方世界的重要源头。

几百年来，勤劳智慧的武夷山茶农不仅培育出了名目繁多的茶树品种，还不断探索新的制茶工艺，创造出畅行世界的红茶以及声名远扬的武夷名茶。

300多年前，精明的晋商就是从一个叫下梅的小村庄启程，驮运着产自福建武夷山的茶叶，一路向北，连续穿越中国的河流与群山、戈壁与沙漠，进入蒙古高原，直抵俄国边境小镇恰克图，然后由东向西穿越俄罗斯腹地，最终到达莫斯科和波罗的海岸边的圣彼得堡。

这条从时间和空间上跨度如此之大的"茶叶之路"，不仅打开了中俄贸易往来的大门，也带来了东西文化的碰撞交融，在很大程度上改变了远东地区、沙皇俄国以及欧洲部分居民的饮食习惯。它的兴衰，还与中俄两大帝国的政治经济命运息息相关。

武夷山下梅村

下梅村

下梅村，位于武夷山市东部，距武夷山风景区8千米，梅溪环村而过，因处于梅溪下游而得名。村落初建于隋朝，里坊兴于宋朝，街市隆于清朝。

清代初期，下梅村开始名扬天下，因梅溪与武夷山最重要的河道九曲溪相通，水路交通十分便利，茶叶能沿着九曲溪直达闽江，由此下梅村一跃成为闽北地区最富传奇色彩的茶叶集散地，它是晋商从闽北至莫斯科万里茶路的起点。

俯瞰武夷山茶园和采茶人

俄国人眼中的"茶"

　　1608 年，托姆斯克军政长官沃伦斯基派出哥萨克军队前去寻找中国，这是俄国独自探寻前往中国道路的首次尝试。

　　32 年后，俄国使节斯塔尔科夫来到卡尔梅克蒙古可汗的驻地。在那里，俄国人不仅知道了关于中国的更多消息，他们还见到了来自中国的"茶"。晚宴上，蒙古可汗让人给俄国人端上了一种不知名的饮料。这种饮料浓烈而苦涩，颜色发绿但气味芬芳。斯塔尔科夫猜想，这种饮料一定是某种植

中世纪蒙古帝国首都城墙

蒙古可汗成吉思汗

蒙古可汗

可汗，又称大汗、合罕，4世纪以后蒙古高原游牧民族高级政治体首领的称谓，类似于汉语的国土。清顺治、康熙、乾隆年间，居住在中国北部的蒙古部族不断内附清廷，除贝加尔湖布里雅特蒙古外，都已归入清朝统一的版图。

物做成的，或者是从什么树上摘下来的。后来斯塔尔科夫在他的笔记中分析：这种饮料似乎是把某种叶子煮开后制成的，它被称作"茶"。

但是当时，斯塔尔科夫对这种"茶"并不感兴趣，他明确表示：希望蒙古可汗送给他的礼物是更多的黑貂皮，而不是在当时俄国一文不值的茶叶。蒙古可汗拒绝了斯塔尔科夫的请求。就这样，斯塔尔科夫极不情愿地将200袋茶叶带回了俄国，并进献给沙皇。

康熙皇帝

康熙

　　康熙，是清代第四位皇帝爱新觉罗·玄烨的年号。爱新觉罗·玄烨8岁登基，14岁亲政，在位61年，是中国历史上在位时间最长的皇帝。有学者尊之为"千古一帝"。

　　康熙帝是统一多民族国家的捍卫者，奠定了清代兴盛的根基，开创出康乾盛世的大局面。康熙帝驾崩于1722年，庙号"圣祖"，葬于景陵，传位于第四子胤禛。

俄国人改变对茶叶不冷不热的态度，是在 17 世纪晚期。

清朝初年，俄国的势力已经推进到黑龙江流域，并在外贝加尔建立了居留地。这之后，沙皇派遣使团前往北京，寻求与中国进行贸易。这些来华的俄国使臣继续把茶叶作为礼品带回了俄国，中国茶这种奇怪的树叶饮料，在俄国开始慢慢被人们所熟知。

据记载，1675 年俄国使臣尼古拉在觐见康熙皇帝之后，十分高兴地接受了康熙帝御赐的 4 盒茶叶，以及托他转送给沙皇的 8 盒茶叶。由此，品茗饮茶开始在俄国上层社会和富裕人家流行开来。

不过，这时的中俄两国还没有展开贸易往来，茶叶在俄国的消费量非常少，还只是富人宴请时炫耀的稀罕物。

东方树叶——茶

彼得一世与大臣

俄国宫廷聚会

俄国对外发动战争

俄国宫廷画

中俄商贸拉开序幕

中俄边界矛盾

时间来到 17 世纪晚期，沙俄帝国和大清帝国，这两个体量巨大的国家，不得不面临抉择。

俄国方面，彼得一世空前好战，在位 43 年间共发动了 53 次对外战争，导致国库空虚。金钱是战争的动脉，沙俄帝国开始思考怎么充盈国库。数次赴华考察让俄国意识到：中国幅员辽阔，是俄国潜在的巨大市场。因此，彼得一世给枢密院写信，让其尽力聚财，并下令积极与中国贸易、签订商约。

中国方面，康熙帝对与俄贸易不感兴趣，他更关心的是中俄两国在黑龙江流域爆发冲突引发的边界问题。从 17 世纪中叶起，沙俄殖民者先后侵入中国黑龙江流域，侵占雅克萨、尼布楚等地。清政府多次向俄国提出抗议，要求其停止对中国东北的侵略，沙俄都置若罔闻。为保境安民，康熙皇帝在平定三藩之乱后，采取了一系列加强中国东北边防的武力措施。

平定三藩之乱

平定三藩之乱，是指清康熙十二年（1673年）至二十年（1681年），清廷平定藩王吴三桂发动的叛乱、维护国家统一的战争。"三藩"是指清初的三位藩王——平西王吴三桂、平南王尚可喜、靖南王耿精忠。他们各拥重兵、长期割据地方，在清廷下令撤藩时发动叛乱。清政府花了8年时间，削平三藩，平定叛乱，加强了中央集权。

俄国宫殿

清政府加强了东北边防的武力措施

《尼布楚条约》签订

康熙二十四年（1685 年），清军统帅彭春等奉旨统率三千官兵，夺回雅克萨城。在清军炮火猛攻下，俄军退回尼布楚。谁知不久后，俄军再次率军占据雅克萨。第二年，清军再次攻取雅克萨，俄军被围困 5 个多月，弹尽粮绝。

俄国发现清廷收复雅克萨的决心很大，而自己想取胜很艰难。加上俄国几乎同时在与土耳其开战，巨大的战争开支耗尽了俄国的国内资源。停战且与中国贸易，便成为上上之选。

沙皇政府"乞撤雅克萨之围",并派使臣过来谈判。经历了多年内战,清帝国同样急需休养,便同意以条约形式解决两国问题。

经过半个多月的谈判,1689年7月9日,中俄双方在位于西伯利亚外贝加尔的小城尼布楚,正式签订了中俄《尼布楚条约》。

《尼布楚条约》

正式名称为中俄《尼布楚议界条约》,这是中俄两国缔结的第一个条约。《尼布楚条约》明确规定了中俄两国的东段边界,从法律上肯定了黑龙江、乌苏里江流域的广大地区是中国的领土。俄国事实上承认侵略中国黑龙江地区是非法的,并将其侵占的一部分领土交还给中国。

与此同时,俄国通过条约,将中国让予的贝加尔湖以东尼布楚一带纳入版图,将乌第河与外兴安岭之间的地方划为待议地区。

清军骑兵

中俄签约场景

清政府加强对东北的武力防护

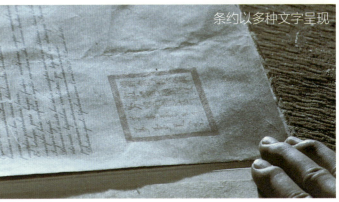
条约以多种文字呈现

中俄商路遗存

　　虽然在雅克萨城夺回战中，中方获胜了，但迫于俄国制造的领土压力，签订《尼布楚条约》时，大清帝国还是做出了不小的让步。

　　俄国不仅获得大片中国领土，还获得了梦寐以求的对华贸易权。俄国还特意强调将贸易条款写进了《尼布楚条约》中，明文确定俄商可到中国经商：嗣后往来行旅，凡持有路票者，俱得过界往来，并许其贸易互市。

　　就这样，在当时英法等国从海路进入中国广州贸易、遭遇种种不如意的情况下，俄国凭借《尼布楚条约》成为唯一一个与中国通过陆路进行贸易的欧洲国家。

　　1693 年，康熙帝颁布旨意：准许俄罗斯商人每 3 年到北京贸易一次，每次不得超过 200 人，且商人限 80 日内回国。清政府还规定了中俄北京贸易的经营地点，将贸易限定在专门设立的俄罗斯馆里，这里也被用来专门安置入京的俄国商人、传教士和留学生。

俄国通过《尼布楚条约》获得了与中国的贸易权

尽管两国执政者各怀心事，两大帝国毕竟还是迈开了互通有无、互利互惠的双边贸易脚步。清帝国大门被挤开一条缝隙，中俄经济贸易由此拉开序幕。随着两岸贸易的启动，沟通两国往来、运行了近300年的茶叶之路也开始了漫长的孕育过程。

中俄恰克图贸易

深受俄国人喜欢的中国瓷器

最初，从俄国来的商人，主要带来的是西伯利亚的毛皮，以此换回金银、棉布、丝绸和瓷器，他们并没有从中国大量采购茶叶。因为这时俄国国内的茶叶消费群体还仅限于西伯利亚和黑海沿岸的部分居民，莫斯科少量商店虽然也有茶叶出售，但还未引起俄国商队的注意。

在贸易中，有一点让俄国商人不满的是，清兵会全程监控俄商的整个交易过程，这让他们感觉交易很不自由，于是俄方试图寻求一种对他们更有利的贸易途径。

1725年，彼得一世去世，皇后叶卡捷琳娜一世成为新的统治者。叶卡捷琳娜女皇上台后，给清政府发函，告知俄

俄使臣出访北京

国皇位已更替，且即将派使节前往北京与清廷商谈两国边境的划界问题。

1725年6月18日，萨瓦伯爵被任命为俄国全权大使，以祝贺雍正皇帝登基为名来华谈判。这次出访，俄国使臣决心改变中俄贸易中对俄商的诸多限制，希望找到更便捷的贸易方式和地点。

叶卡捷琳娜一世

来华途中，萨瓦伯爵在中俄边境一个叫恰克图的地方做了短暂考察。他认为，这里是未来中俄贸易的理想之地，因为这里的蒙古部落已经被清政府收复，这里还是圣彼得堡通往北京最短路线上的必经之地。

恰克图海关

恰克图旧照

恰克图海关旧址

《恰克图条约》签订

中俄双方谈判

萨瓦伯爵

　　经过艰苦谈判，中方同意将两国贸易地点移至中俄边境的恰克图进行。1728 年 6 月 14 日《恰克图条约》签订，中俄贸易从此进入新阶段。

　　《恰克图条约》签订后，经过一年的建设，这个全新的市镇由此兴起。在随后的 200 多年时间里，这里见证了中俄之间所有的贸易成果，是"茶叶之路"上的重要枢纽。

　　1728 年 8 月，中俄双方在恰克图进行了第一次贸易活动——以货易货。这在国际专业化分工不发达的情况下，是较为常见的。虽然是以货易货，但仍然要通过货币计价，求得金额上的平衡，中俄双方也会各派官员驻地管理，以便更好磋商互贸事宜。

　　随着来此贸易的中国商人不断增多，1730 年，清廷决定在紧邻恰克图的中方一侧建立买卖城，以供中国商人居住。

恰克图

　　恰克图，是清代中俄边境上的重要商埠。这里本是位于贝加尔湖以南的一座普通小城，清雍正五年（1727 年），中俄两国在这里草签了《恰克图条约》，约定：中俄两国以恰克图为商贸交易中界点。在新旧街市中间设立互市处，中俄商人在这里进行贸易交换。

　　今天，恰克图在俄国境内的街区仍然名叫"恰克图"，在蒙古国境内的街市已改名叫"阿勒坦布拉格"。

恰克图

恰克图教堂

恰克图俄商居所遗迹

恰克图茶路兴盛时的建筑遗迹

"兴贩于海外"的晋商

恰克图成为互市口岸后，来自中国的茶叶逐渐变成了两国间交易最多的商品。茶叶开始大量进入俄罗斯，俄国普通民众也开始接受、喜欢并依赖上中国茶。

当地有句俗语形容说，俄国人所到之处都少不了茶。据悉，俄国人每天都会饮上五六次茶，尤其是下层民众，靠茶和面包过一天更是常事。

外贝加尔荒原上的俄罗斯村庄

对茶叶的需求促使恰克图边境贸易日渐繁荣，也吸引了越来越多的俄国商人，他们纷纷从莫斯科、图拉、喀山等地赶来，用毛皮从恰克图换回了大量茶叶等物。于是，在外贝加尔地区的荒原上，名不见经传的恰克图迎来了不可思议的生动景象，巨大的贸易吞吐量使恰克图一跃成为亚洲腹地的国际商埠。

而中国这边，晋商则成为茶叶之路上贸易的主要经营者。

晋商

晋商，中国山西商人集团，明清时期以善于经商而著称于世，因山西简称晋而得名。山西商业资本开始的时间很早。宋代时，晋商便已与徽商并称，成为当时中国商业的中坚力量。 明清时期，晋商经营行业就十分广泛，有"上自绸缎，下至葱蒜，无所不包"之说。其活动范围不仅遍及全国，还"兴贩于海外"。在长达两个多世纪的恰克图对俄贸易中，参与贸易的中国商人主要就是晋商。

俄国人每天会饮上五六次茶

　　山西商人有着悠久的贸易传统，关内与塞外的商业联系长期掌握在他们手中。纪晓岚《阅微草堂笔记》中就有记述，"山西人多商于外"，他们往往 10 余岁就跟人外出学贸易，待积攒下财产才回家娶妻，成家后仍旧出外行商。

茶马古道博物馆

据悉，明朝末年，从山西来的8家商人得到了朝廷许可，在张家口与蒙古人茶马互市。清朝建立后，这8家商人奉诏入京，蒙皇帝赐宴并赏以朝廷官服。此后，皇室每年所需的皮货都由这8家山西商人经手办置。

进入19世纪，俄国国内对茶叶的需求逐年增加，中俄茶叶贸易愈加兴旺。19世纪的第一个10年，恰克图茶叶交易额达225228千克；1831年至1840年间，交易额增至570684千克；1841年至1850年，交易额更是增到811773千克。

茶马互市

茶马互市，指中国古代历史上西部和北部从事畜牧业经济的少数民族，用马匹等牲畜和畜产品，与内地换取茶叶、布匹、铁器等生产生活必需品的比较集中的大规模集市性贸易活动。

茶马互市始于唐代，盛于宋、明、清，长达千余年。茶马互市在中国历史上对繁荣农牧业经济、促进民族团结起到重要作用。

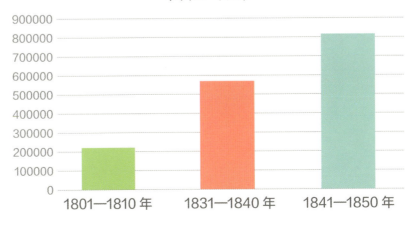

19世纪恰克图茶叶交易额
（单位：千克）

不到 50 年时间内，恰克图茶叶交易额增长了 3 倍，茶叶由此成为中俄两国贸易的最主要商品，茶叶贸易让西伯利亚这个贫寒的地方日渐富裕起来。茶叶不仅成为俄国人们生活的必需品，而且成为恰克图俄国商人财富的重要象征。

不过，恰克图贸易的具体开展与清政府的态度息息相关。由于边界纠纷，沙俄窝藏罪犯，以及沙俄士兵在中俄边境抢劫，乾隆皇帝在 30 年间 3 次下令关闭恰克图市场，闭关时间累计长达 15 年。

清王朝以茶制夷的策略还是非常有效的，随着恰克图贸易的中断，俄国人就只能购买从西欧转运来的茶叶，老百姓需要为此多付出三四倍的茶钱，俄国政府的财政收入也遭受重创，据悉俄国因此至少损失 500 万卢布。

俄罗斯茶壶

清政府实行海禁政策

闭关政策

　　清政府在对外关系中执行控制贸易及隔绝与外国交往的政策。清王朝建立全国政权之后，厉行更严苛的闭关政策。

　　闭关政策以乾隆二十二年（1757 年）为界，大体可分为前后两个不同时期。前期主要实行海禁，目的在于隔绝大陆人民与台湾郑氏抗清力量来往，防范人民集聚海上；后期则着重防禁"民夷交错"，针对外国商人，以条规立法形式，严加限制对外贸易，防范西方殖民主义者。

茶帮

"2万里"商茶路

200年茶路变迁

由于恰克图边贸运费低廉，且货物价格远低于北京，因此中俄两国商人均愿赴边境贸易而不愿去京师，再加上清廷对俄国商人在北京贸易早已厌烦，促使北京贸易在持续70余年、经历俄方驼队16次来华之后，于1762年结束。

繁荣的边境贸易和俄国对中国茶叶的巨大需求，催生了一条以茶叶运输和贸易为主要特征的国际商贸通道。

这条商贸通道始于中国福建，全程1.3万千米。晋商茶帮将从福建武夷山下梅村收购的茶叶，经山路运到江西铅山河口镇，而后从上饶湖口运达湖北武汉。

茶船从武汉溯汉水经茶圣陆羽的故乡天门，再出襄樊，北到河南赊店。到达中原后，茶叶改用骡马驮运，直抵黄河南岸的孟津渡口。

大部分茶帮渡过黄河后，从河南济源北上泽州、长治，经子洪口进入晋中谷地。在这里稍事休整后，茶帮又经徐沟、太原、忻州，直抵代县黄花梁。

晋商驼队

茶帮

　　茶帮，指专营茶叶的商人组织，他们从内地购进大量茶叶，然后运销偏远地区，并从当地将皮毛等土特产销回内地。茶帮通常由几家商人联合起来，分三组经营：一组在产茶地贩茶打包，一组负责运输，一组在外地建固定商号经营。

晋商人物雕像

此时，茶商们一部分沿走西口的线路，经雁门关穿过古长城的杀虎口去到呼和浩特，另一部分则经应县、大同到达塞上重镇张家口，然后从张家口到达库伦（今蒙古国首都乌兰巴托），再从库伦直抵俄国边境小镇恰克图。至此，茶商们走完了中国境内 8000 千米的全部路程。

　　随后从恰克图开始，茶叶之路进入俄罗斯境内，经西伯利亚的伊尔库茨克、托木斯克、秋明、喀山等地到达莫斯科，最终抵达当时俄国的首都圣彼得堡。

　　在 200 多年时间里，这条运茶路线几经变迁。

　　南开大学的历史学者米镇波在《清代中俄恰克图边境贸易》一书中，为人们清晰勾勒出另外一条运茶路线：茶商从武夷山出发，先到浙江淳安，再经富春江到达杭州，再由杭州经吴淞口运抵上海，从上海换装大船出崇明岛，沿近海抵达天津。

　　还有第三条运茶路线，即从杭州沿京杭大运河抵达天津。

　　无论是河运还是海运，茶商到达天津后，都会再经北京通州北上张家口，从张家口前往库伦和恰克图再进入俄国境内。

　　至此，清帝国对欧洲的茶叶贸易便形成了南北两条通道：南路是由广州经海路输入英国、荷兰等西欧国家，被称为"海运茶"；北路是从中国内地经陆路运至俄国，被称为"商队茶"。

驮着货物的骆驼（彩陶）

晋商驼队雕塑

对外贸易

又称进出口贸易，指国家与国家之间的商品、劳务、技术等方面的交换和流通。输出商品、劳务、技术为出口；输入商品、劳务、技术为进口。

新摘的茶芽

茶文化的传播

据悉，在近代欧洲茶叶市场上，商队通过陆路运输的茶比海运茶更有竞争力，通过"茶叶之路"运送到俄国的茶叶更受欢迎。人们分析，可能是海运时不当的储藏方式大大损伤了茶叶的香味。

不过无论如何，来自遥远中国的茶香，都随着万里茶路走向西方世界，变得越发神奇。

茶叶之路，是继举世闻名的丝绸之路后，在欧亚大陆上兴起的又一条新的国际商路。从17世纪末到20世纪初的200多年时间里，茶叶之路上大规模的商品交流活动，对中俄两国的社会进步和经济发展，起到了极大的推动作用。

恰克图贸易鼎盛时期，俄国成为对华贸易的第二大国。茶叶之路开通前，西伯利亚的毛皮主要销往欧洲，但每年都会有大量积压，茶叶之路开通之后，中俄茶叶贸易为俄国堆积的毛皮找到了庞大的销售市场。

在西伯利亚苔原出没的北极狐

茶文化影响着中国人的为人处事

　　而中国来的丝绸、土布、大布，也成为"商队茶"运输沿途百姓的主要衣料，茶叶更成为俄国人们日常生活中必不可少的饮料。

　　对华贸易为俄国国库带来巨额税收，不仅维持了俄国庞大的战争开支，同时也维护了西伯利亚地区的稳定。且随着茶叶之路的兴盛，俄国政府鼓励民众向西伯利亚移民，于是茶叶之路沿线城市的西伯利亚居民、商人和房屋数量日渐增加。

　　中俄贸易的互惠互利也给中国带来了实实在在的好处。最让清政府满意的，就是随着茶叶之路的兴起与繁荣，中俄两国边境争端不断减少，边境变得越发稳定。同时，清帝国成功地利用茶叶贸易作为调节两国关系的杠杆，与俄国划分了东段和中段边界，遏制了沙俄向南推进的步伐，并促使俄国在准噶尔问题上保持中立。

　　尽管如此，清政府对茶叶贸易本身并不太感兴趣，但是辛苦奔忙于茶叶之路上的山西商人，却从中获得了巨大利益。

　　毫无疑问，茶叶之路打开了古老帝国的封闭大门，它促进了以茶文化为主体的中国传统文化在俄国乃至欧洲的广泛传播，也促成了中华文明与世界文明的沟通与交流，其影响力一直延续到今天。

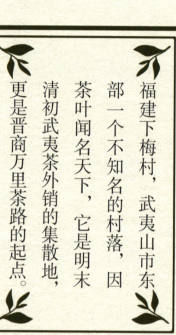

福建下梅村，武夷山市东部一个不知名的村落，因茶叶闻名天下，它是明末清初武夷茶外销的集散地，更是晋商万里茶路的起点。

第二辑

闽茶行天下

武夷山——万里茶路起点

武夷出好茶

　　福建，作为世界乌龙茶、红茶、白茶、茉莉花茶的发源地，既是古代海上丝绸之路的重要起点，也是陆上万里茶道的发祥地。

　　海上丝绸之路，以武夷山为起点，由福州、泉州等港口出海，经新加坡、马来西亚、南非等地，抵达英国利物浦。陆上万里茶道，同样源起于福建武夷山，茶叶从武夷山东部一个叫下梅的村庄出发，经江西、湖北、河北、内蒙古等地，一路向北，贯通亚欧大陆，抵达俄国恰克图，再横穿西伯利亚，一路向西到圣彼得堡。

丝绸之路

　　丝绸之路简称丝路，指古代贯穿中西方的商路，因走的路线不同分为海上和陆地两种，陆上丝路因地理走向不同，又分为北方丝路与南方丝路。陆上丝路是中国经中亚通往南亚、西亚以及欧洲、北非的陆上贸易通道。

　　在古代，只有中国种桑、养蚕、生产丝织品，而丝绸也是中方向外输出的主要商品之一，因此人们将其称为"丝绸之路"。丝路的开辟，大大促进了东西方经济、文化、宗教、语言的交流和融汇，对推动科学技术进步、文化传播、物种引进，各民族的思想、感情和政治交流以及创造人类新文明，均做出了重大贡献。

福建泉州——海上丝绸之路的重要起点

福建自古出好茶，茶香飘四海。

福建素有"八山一水一分田"之称，省内 80% 以上面积为山地和丘陵，这里气候温和湿润，加上土壤多为酸性，所以非常适宜茶树的栽植。早在清代，茶叶就已成为福建许多县市的主要物产，种茶、制茶、售茶更是当地的主要经济支柱。

武夷山坑涧中的茶园

福建省内第一名山武夷山，更是有着"碧水丹山""奇秀甲东南"的美誉。武夷山脉北拒寒流，南迎海洋性暖风，土壤富含腐殖质，得天独厚的自然条件使其成为植物生长的乐园。

这里丰富的植被不仅没有影响到茶树营养的吸收，它们开花所产生的清香还会沁润到茶叶上，由此形成了武夷岩茶的独特香味。加之武夷山区处峡谷之地，空气湿度大，所产茶叶叶片厚实，成品往往质量上乘、风格独特，故而很早就享誉海内外。

陆羽在《茶经》中提到，茶树"上者生烂石，中者生砾壤，下者生黄土"。武夷山土质多为砾岩、砂岩以及页岩，正是茶树喜爱的土壤。优越的地理条件、丰富的茶种和成熟的制茶技术，让武夷山成为中国重要的产茶区。

武夷肉桂

奇秀的武夷山出产了很多名茶，如乌龙茶代表"大红袍"、世界红茶鼻祖"正山小种"、顶级红茶"金骏眉"、有着独特岩韵的"武夷肉桂"、茶中名品"闽北水仙"等，它们共同为武夷山在中国茶叶历史上留下了浓墨重彩的一笔。

在武夷山人看来，新茶喝的是香气，陈茶喝的是药性，人们不仅把茶视作解渴的饮品，更是把茶当作有解毒、消炎价值的居家常备药品。

武夷山人爱茶、种茶历史十分悠久。

1600多年前的南北朝时，武夷山就出过一种"非茶之茶"，是当地一种植物叶子做成的，叫作"晚甘喉"。当地人评价它"外如乞丐，内如帝"，能安神、治拉肚子，也被称为"管家婆"。

武夷大红袍

武夷大红袍，指产于中国福建武夷山九龙窠悬崖陡壁上的乌龙茶。芽叶呈紫红色。制作乌龙茶的茶叶每年5月采摘，成茶色泽绿褐，条索紧结粗硕，略卷曲，桂花香气浓郁。冲泡后的叶片边缘微红、中央褐绿。泡开后汤色金黄明艳，品后回甜，性和不寒，多次冲泡而味不减。武夷大红袍与"白鸡冠""铁罗汉""水金龟"合称"四大名枞"。

茶魂

茶厂正在烘焙的茶叶

唐宋时期，武夷山大红袍名气大振，陆羽、范仲淹、欧阳修、苏轼等都不约而同为其宣传过，元明时期，武夷山茶成为皇家贡茶出现于宫廷，元廷甚至专门在武夷山创设皇家焙茶局，武夷山茶的影响力日益变大，明末清初，武夷山地区成为中国茶传往西方世界的重要源头，武夷山茶备受世界人们喜爱。

武夷山茶有着悠久的历史，武夷山人则从小就跟茶打交道，跟着父辈学习种茶、摘茶、焙茶的手艺，这不仅是他们赖以养家的技能，也是形成武夷茶特有滋味的关键工艺。

茶叶

焙茶

焙茶，又称制茶、炒茶，即用温火烘茶，这是古人采用寓贮于焙、既贮又焙的科学制茶方法。

焙茶时火候、时间的掌握尤其关键。目的是再次去除茶叶中的水分，以便更好保藏、贮存茶叶，也为了改善茶叶的色、香、味。

焙茶主要有两个作用，一是控制茶叶水分，新摘下来的茶叶中往往含有5%～8%的脂肪，一旦暴露在空气中就会很快酸化，所以要将茶叶水分降到5%以下；二是控制茶叶的化学变化，调整其与茶叶质量的关系，使茶叶色香味形俱在。

下梅茶商邹氏

15世纪到17世纪的大航海时代，将世界各地之间的距离前所未有地缩小。来自欧洲的航海者第一次在中国南方沿海见到了茶这种神奇的饮料。

到清康熙年间，就有许多商人来到武夷山来收购茶叶，贩卖到各地；雍正年间，武夷茶已经在武夷山商品贸易中占据重要地位；清乾隆年间，武夷山下梅村就已经成为崇安地区最大的茶叶市场。

下梅村，坐落在福建省武夷山东部，因位于梅溪下游而得名。这里不仅是武夷茶外销的集散地，更是茶叶之路的起点——晋商武夷山贸易第一站。

清朝时期，下梅茶商中以邹氏家族最为有名，直到今天，邹氏依然是下梅村的大姓，村子里许多人家都是邹氏后人。300多年前，一个叫作邹元老的江西人带着家人辗转来到武夷山下梅村，吸引他们留下的，正是这里的一抹茶香。邹氏一族在此安居乐业，并开始经营茶叶生意。茶叶之路的兴衰与武夷山下的这个小村庄休戚相关，同时也成就了邹氏家族的一段传奇。

新鲜的茶叶

郭氏家祠

武夷山下梅古村邹氏祠堂

邹家人创办了"景隆号"茶庄,并在发现武夷茶外销商机时,积极扩大经营。在茶叶之路最兴盛的年代,邹氏家族靠着茶叶销售成为本地富户。

下梅村至今还保留着下梅邹氏在清代打造的"景隆号"遗址。古宅坐北朝南,三进二厅,宅东是书阁私塾,西是厢房,后有茶叶制作焙坊间。它是创业之初邹茂章所建,后来随着经济势力壮大,邹家人又在当溪上游边扩建豪宅数十座。

数百年来,梅溪水道一直是下梅与外界连接的命脉。茶叶,以草木之微将这个古村与世界畅连起来。武夷山地区的货物流通从下梅古镇开始,茶叶等货物在这里集运,通过竹筏运出小运河,汇入崇阳溪,经闽江下福州入海,运往世界各地。

茶庄

茶庄,又称茶号、茶行,多为茶叶精制、包装的加工厂,开设者均系资本雄厚的茶商,有外地茶商也有福建本地的茶商。外地帮有西客帮(山西等地商人为主)、潮汕帮、广东帮等。"景隆号"为本地帮,是下梅村邹氏茶商邹茂章创办的,它见证了下梅茶商邹氏与晋商常氏精诚合作、结为盟友的历史。

邹氏家族曾盛极一时

穿下梅村而过的水道是一条沟渠，叫作当溪。最初，当溪水道十分狭窄，主要用于灌溉两岸的农田；后来为了让下梅在武夷山茶叶贸易中占据更有利的地位，邹家人出资扩建了当溪，并在当溪各段修筑埠头，让竹筏能顺利进出、停靠装卸。从此，当溪两岸店铺林立、茶商云集，成为货如轮转的小运河。水路之便让下梅逐渐成为武夷茶的转运中心。

《崇安县志》中就有关于当年下梅盛况的记载，清康熙十九年（1680年），武夷崇安下梅市集，景隆号码头盛时每日行筏三百艘，转运不绝；雍正年间，晋商来到福建经营武夷岩茶，与其交易者多为崇安下梅邹氏；到了乾隆年间，下梅已经成为崇安地区最大的茶市，邹家的景隆号茶庄生意也越来越兴旺。

可以想见两三百年前，下梅古镇是多么热闹：附近茶农推着茶叶纷纷赶来，人们忙着收茶、称重、结算，不断有人将茶叶搬上小溪里密密麻麻排着的竹筏，载满茶叶的竹筏小心翼翼地离开这条狭小的小溪，逐渐漂出人们的视野……

当溪水平时用于灌溉

水道是下梅人运货的主要通道

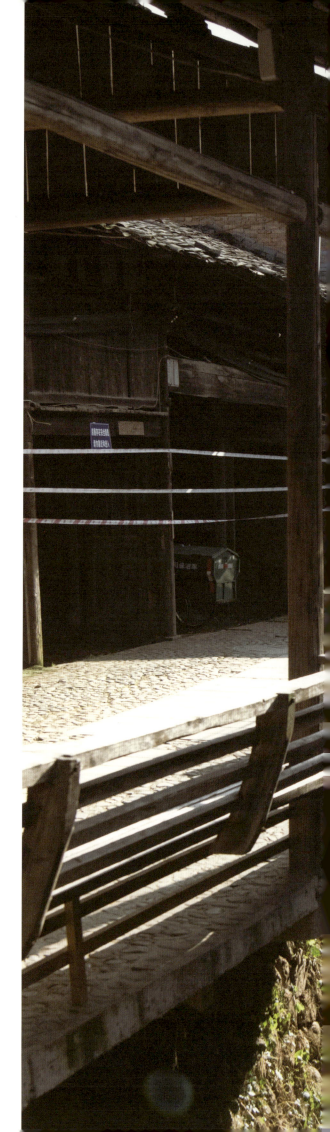

武夷山下梅村

武夷茶北运

晋商常万达

衷干在《茶市杂咏》记述："清初茶市在下梅，附近各县所产茶，均集中于此。茶叶均系西客经营，由江西转河南运销关外。"西客指的就是来自山西的茶商，他们所贩茶叶大多运往北方。

此时在遥远的北方，随着中俄两国茶叶贸易序幕的拉开，俄国人对茶叶需求量的日渐增加，一个庞大的市场正在形成。

尤其在1727年中俄《恰克图条约》签订后，去恰克图贩卖茶叶便成为一项获利高、非常值得做的生意。据记载，当时一担（"担"为中国茶叶的传统计量单位，1担=50千克）茶叶从中国南方贩运到恰克图，价格要翻上4倍还要多。

商业嗅觉敏锐的晋商，自然不会错过这个好机遇。有句话说，凡有麻雀的地方，就有山西商人的足迹。山西人擅长经商、不怕吃苦，足迹遍及长城内外、大江南北，甚至远到俄国、日本。

乾隆年间，为了保障茶叶质量、获取更高利润，山西榆次车辋村一位叫作常万达的商人，决定采取收购、加工、贩运一条龙的方式，把茶叶生意直接从茶叶产地做到恰克图。

晋商探寻、种植、收购、加工、贩运一条龙的茶叶贸易方式

常万达和同伴一起从山西来到了武夷山脚下，希望能找到一个既能大面积种植茶叶又方便运输的地方。

顺水而下，他们来到了下梅村，这里繁忙的茶叶贸易让常万达停下脚步，他决定在这里寻找合作伙伴。当地最有名望的茶商邹氏家族进入了他的视野，邹家人对晋商一行也颇有好感，很快双方就达成了合作意向。在邹家人的带领下，常万达走遍了邹氏茶园，回到山西就开始运作与邹氏经营武夷岩茶。

下梅村芦下巷，见证了邹氏与常家当年合作的景象。相对而开的两扇门里，一边是邹氏景隆号茶庄的掌柜，一边是晋商常氏的掌柜。茶叶从码头运来之后，两位掌柜会一起清单、合计，双方都认可后，茶叶才能送往仓库。

常氏与邹氏在种茶、制茶、售茶方面配合良好。几年后，车辋常氏也同时在武夷山自设茶坊、茶库，拥有自己的茶山、茶园，甚至开始制茶。他们将散茶精制加工成红茶、砖茶，雇用上千名当地工匠，专门负责运茶北上。

常家之后，越来越多的晋商来到下梅村收购茶叶，聘请当地茶师加工茶叶，然后北上贩卖，一条通向遥远北方的茶叶之路就此启程。

砖茶

芦下巷见证了当年交易盛况

武夷山漂流竹筏

下梅茶市衰落

当溪两岸变得更加繁忙，装满茶叶的竹筏缓缓离开当溪码头，向西驶入梅溪。这些珍贵的茶叶将沿着万里茶路向俄罗斯圣彼得堡进发。

那时，武夷茶输往欧洲的两条主要路径都从武夷山下梅村出发：一条向北，从武夷山由陆路穿越蒙古地区和西伯利亚，到达俄罗斯圣彼得堡及欧洲大陆。另一条向南，由中国南部贸易港口沿海路运往欧洲。邹氏茶的海上贸易之路的开辟，源于乾隆年间，清廷下令闭关，仅留广州"一口通商"，于是邹氏将武夷茶市场转向了广州十三行。

砖茶

砖茶，即外形像砖一样的茶，也叫蒸压茶、紧压茶，是用茶叶、茶茎、茶末压制而成的块状茶，多以黑茶压制而成。

砖茶都是蒸压成型的，根据制作工艺不同可分为青砖茶、米砖茶、黑砖茶、花砖茶、茯砖茶、康砖茶等。

茶叶既能消食解腻，又能有效补充人体所需的多种维生素和微量元素，数百年来，耐储藏、好运输的砖茶，与奶、肉并列，成为西北各民族生活的必需品。

茶

这是下梅邹家最繁盛的时期。《崇安县新志》记载："邹氏经营茶叶获资百余万，造民宅70余栋，所居成市。"修建于乾隆年间的邹家祠堂和邹家祖宅至今仍保留得十分完好。

清嘉庆后期到咸丰年间，繁盛的下梅茶市渐渐被废弃了。茶路被废主要有两方面原因：

一方面，太平天国运动的爆发阻断了长江茶叶运输线路，晋商到福建的茶叶交易被迫中断。茶叶之路的起点，从福建下梅转移到了湖北羊楼洞和湖南安化。

另一方面，随着《南京条约》的签订，广州、福州、厦门、宁波、上海5处通商口岸的开放，崇阳溪边的赤石村，凭借着更为便利的水路交通，最终取代下梅成为武夷山地区的茶市中心。

太平天国

指中国近代反对清朝封建统治和外国资本主义侵略的农民战争及其所建立的政权。洪秀全于道光三十年十二月初十（1851年1月11日），在今广西桂平市金田村领导起义，建号"太平天国"；同治三年六月（1864年7月），太平天国首都天京（今江苏南京）被清军攻陷，太平天国中央政权覆亡。

太平天国铜币

同治年间，万里茶路保持了一百多年的平衡被击破。《中俄陆路通商章程》签订后，俄国商人可在中国茶叶产区采办茶叶和兴建茶厂，中国商人的利润完全被俄国人夺走，短期内，恰克图买卖城的数百家中国茶行就锐减至十余家。1917年俄国十月革命胜利后，蒙古国随之独立，恰克图贸易口岸彻底关闭，辉煌了两个多世纪的万里茶道从此中断，这条著名的商业大道也渐渐被人们所淡忘。

2005年，下梅荣膺"中国历史文化名村"称号。今天，当溪上舟楫往来的繁华景象已经不复存在，邹氏的辉煌也随着下梅的衰落而逐渐暗淡。

时光流逝，生活在下梅的人们渐渐遗忘了那段传奇般的岁月，忘记了下梅村和茶的渊源。在下梅刚成为旅游景点时，旅行者到邹家老宅竟然找不到喝茶的地方。这几年，口味独特的武夷茶越来越受到人们喜爱，邹家后人开始重拾祖业，立志传承、振兴百年老字号，继续经营茶叶生意。

茶，在武夷山人的生活中扮演着不可替代的角色，它既是人们日常生活中必不可缺的饮品，又是茶农们赖以为生的基石。几百年前，这里的茶农用双手制作出了风味独特的武夷茶，远销海外，并让无数欧洲人迷上了茶的味道。而在今天，茶农后人依旧传承着武夷茶的茶香，让武夷茶和茶文化继续在中华大地上发扬。

红茶源起

红茶鼻祖

    在清代，武夷茶大部分是被销往国外的。康熙年间，武夷山桐木关出产的正山小种红茶，就成为欧洲上流社会追逐的名品。后来，甚至连欧洲科学家都以"武夷山茶变种""中国小叶茶变种"作为中国茶叶的统称。

    被欧洲人视为品质象征的正山小种红茶，就出自九曲溪上

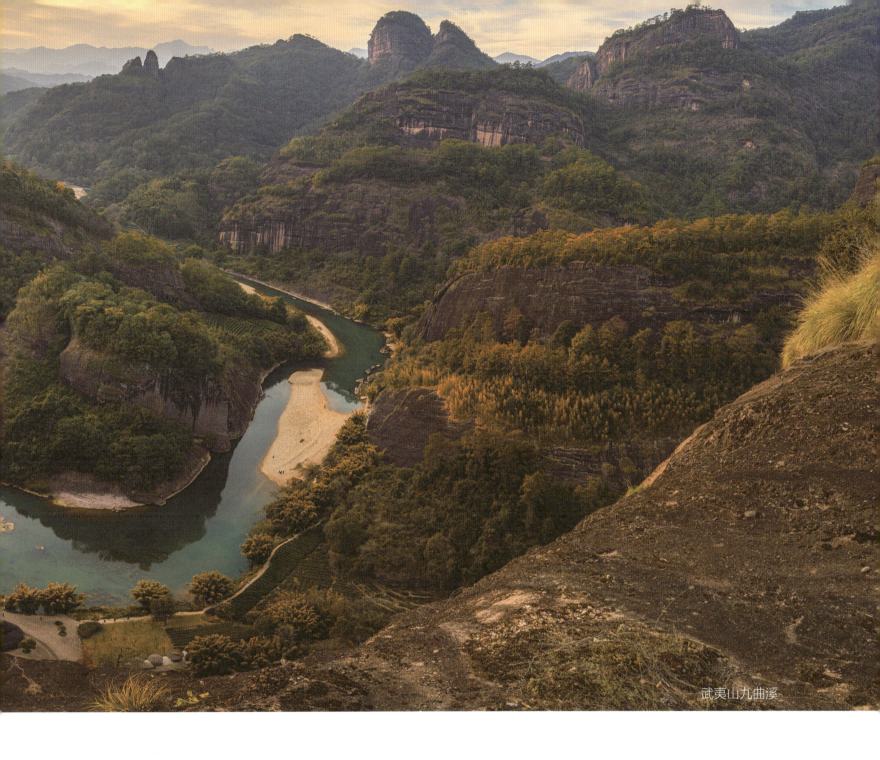

武夷山九曲溪

游、武夷山景区最北端、距离下梅村大约 70 千米的桐木村。这种有着 400 年历史的红茶，是桐木村茶农用传统手工技艺精制的，被认为是所有红茶的始祖。

武夷变种

武夷变种，也称中国小叶变种。通常茶树可分为两个变种：一种是大叶变种（又称普洱茶变种），多在云南种植；另一种是小叶变种（又称中国小叶变种），世界范围内广泛种植。

小叶变种是在几千年茶传播和栽培过程中产生的，随着茶树逐渐矮化、叶片变小，小叶变种逐渐占据了茶树中的重要地位。目前世界范围内 60 多个国家均广泛栽培有小叶变种，它是中国向世界传播茶文化的重要使者。欧洲学者常用"武夷变种"来指代小叶茶。

福建省最北端矗立着桐木关，它是福建与江西的省界关隘，闽赣古道贯穿其间。这里是古代交通与军事要地，为武夷山八大雄关之一。

桐木关山势陡峭、群峰林立，既挡住了西北寒流的侵袭，又截留了海洋的温暖气流，这里森林覆盖率达95.3%，拥有丰富的物种资源，桐木村就隐藏在峡谷之中。高峻的地势，冬暖夏凉的气候条件，肥沃的土壤，使桐木村成为得天独厚的产茶区，种出的芽叶有着特殊的持嫩性。

桐木村制茶，最早始于宋代末年，不过一直以绿茶为主。直到17世纪前半叶，人们才开始制作发酵茶，也就是正山小种红茶。

正山小种红茶

正山小种红茶，首创于福建省武夷山地区，是世界上最早的红茶，被称为红茶鼻祖，至今已有400多年历史，于明朝中后期创制而成。正山小种早在17世纪初就远销欧洲，并大受欢迎。因曾被英国皇室选为皇家红茶，并由此诱发闻名天下的英式"下午茶"而声名鹊起。

通常，"正山"特指产自桐木及与桐木周边相同海拔和相同地域，用同种工艺制作而成，品质相同，独具桂圆汤味的茶。根据制作时是否有用松针和松柴熏制，分为烟种和无烟种。

正山小种红茶的茶汤

炒青

正山小种的秘密

与中国人爱喝绿茶不同，英国人更爱发酵茶的味道，于是产自武夷的发酵红茶和半发酵的乌龙茶逐渐被欧洲人所熟悉和喜爱。

曾经很长一段时间，从未见过茶树的欧洲人都以为，绿茶和红茶是由从不同茶树上摘下的茶叶制成的。事实上，两者最大的区别在制作工艺上。绿茶属于不发酵茶类，新叶经过杀青、揉捻、干燥等工艺制成；而红茶属于发酵茶类，芽叶经过萎凋、揉捻、发酵、干燥等工艺做成。而正是如此，两种茶所含营养成分有所不同，在功效上也存在差别。

绿茶

绿茶，是指不经氧化的茶鲜叶采摘后，经过杀青、揉捻和干燥等工序就可制成绿毛茶。杀青环节决定绿茶色绿、茶香、味浓。古时候，人们常用蒸气杀青，但叶中的青叶醇、青叶醛等不易发散，制成的成品茶往往略带青涩味。到了近代，人们多用锅炒杀青（即炒青），更利于揉捻造型且更能发挥出茶叶的清香。因成品茶冲泡后，茶汤碧绿，叶底也呈翠绿色，故得名"绿茶"。

高山茶园

长在山上的茶树

上山采茶的茶农

武夷山桐木关五里场

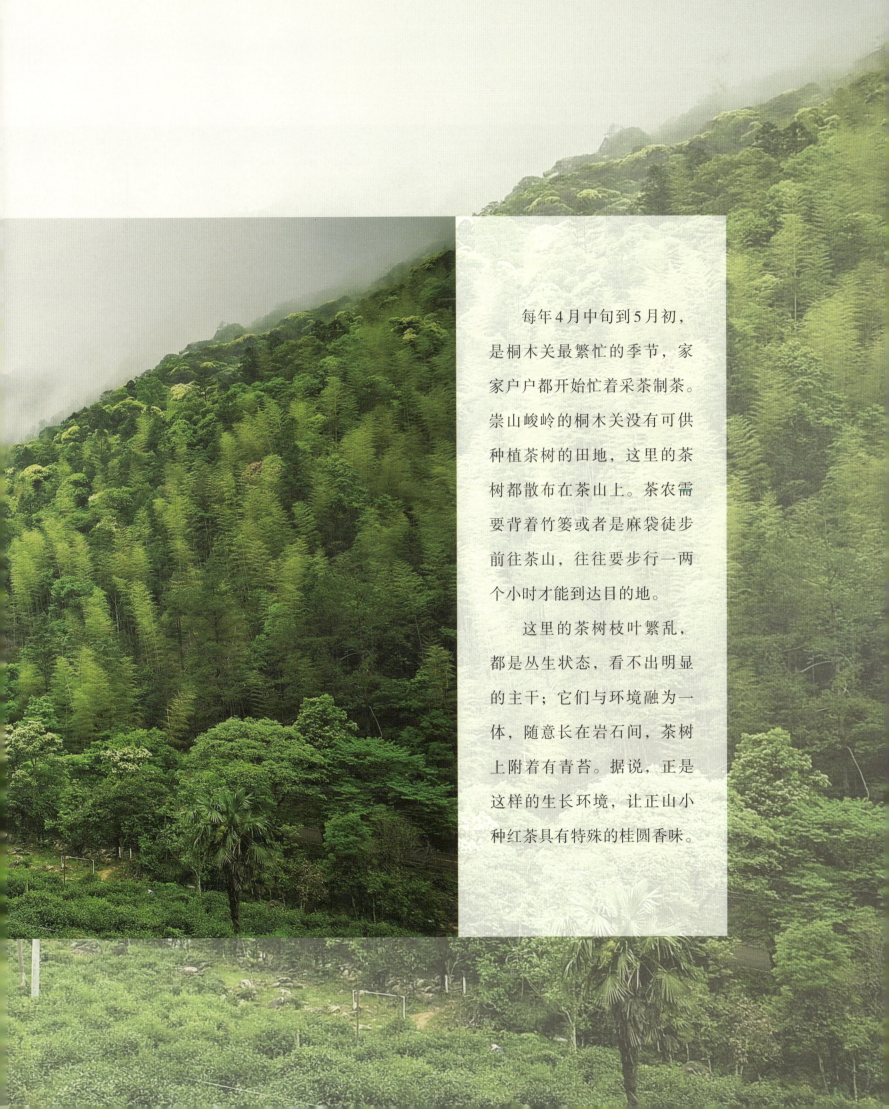

每年4月中旬到5月初，是桐木关最繁忙的季节，家家户户都开始忙着采茶制茶。崇山峻岭的桐木关没有可供种植茶树的田地，这里的茶树都散布在茶山上。茶农需要背着竹篓或者是麻袋徒步前往茶山，往往要步行一两个小时才能到达目的地。

这里的茶树枝叶繁乱，都是丛生状态，看不出明显的主干；它们与环境融为一体，随意长在岩石间，茶树上附着有青苔。据说，正是这样的生长环境，让正山小种红茶具有特殊的桂圆香味。

　　制作正山小种红茶的芽叶，要求采摘时只取顶端的一芽两叶。茶叶叶芽采摘回来后，茶工们就将新鲜的"茶青"送到了"青楼"上。"青楼"是桐木关特有的一种建筑，它是制作正山小种必不可少的用杉木建成的传统制茶作坊。正山小种独特的松烟味就藏在"青楼"之中。

　　制茶师将青叶均匀摊放在萎凋席上，让叶芽能通过竹席的小孔均匀受热。萎凋过程能促进茶叶中酶的活化，加速叶内成分发生化学变化，能很好地提高茶叶香气、除去茶叶涩味。

武夷山桐木关青楼

萎凋

萎凋，是制茶工序名，又名萎雕，指将新鲜采摘下来的茶叶，在一定的温度、湿度条件下均匀摊放，适度促进鲜叶酶的活性，使内含物质发生适度物理、化学变化的过程。萎凋能让部分水分散发，茎、叶萎蔫，叶芽色泽暗绿、青草气散失。可分为自然萎凋、日光萎凋、凋槽萎凋3种方式。

用燃烧的松木来加温烘烤

杉木修建的制茶作坊

　　烟味是正山小种的独特滋味。这种烟味产生于萎凋和烘干两道工序的制作过程中，整个过程都是在杉木修建的青楼中完成的。它需要燃烧桐木关地区特有的松木来加温烘烤。松木燃烧后的松烟熏坏了无数制茶工的眼睛，却熏出了正山小种独特的桂圆香味。

　　萎凋之后就可以开始揉捻茶叶了。手工揉茶是一个极为耗费体力的过程，只有通过反复揉捻，才能挤压出茶叶中多余的水分，让茶叶紧结成条。

手工揉茶——师傅正在揉制恩施玉露茶

现今，茶叶制作过程中的许多环节，都已经可以使用现代化机械设备来完成，机器的普及，让人力得到了极大的解放。

不过在武夷老茶人看来，不论机器如何发展，手工制茶的技艺始终不应该被遗忘，因为武夷茶独特滋味的秘密就隐藏在一代代茶工的双手之间。

将时间拉回到几百年前，在茶叶之路兴盛的那个时代，武夷山茶工们靠的就是自己的双手，经过一道道工序，耐心而细致地制作着茶叶，只为更好激发出茶叶的芬芳。靠纯手工精制茶叶，一个茶工一天的极限仅为15千克，极低的产量使武夷茶更加珍贵，每一片茶叶都凝聚着茶工的辛劳。

几百年间，茶叶之路历经兴衰起落，来往于武夷山的茶商、茶客一路艰辛，用木船、骆驼，将香醇的武夷茶沿着万里茶路，运送到遥远的欧洲，将茶叶独特的滋味带给那里的人们，为他们送去一抹温暖的中国茶香。

揉捻

揉捻，指经过手工或机械揉捻、揉切，使茶叶形成紧结的条索或颗粒，并破坏其部分组织，挤出茶汁黏附于叶表，让茶叶中多酚类和多酚氧化酶与空气充分接触，促使发酵。茶叶经过揉捻过程，更耐冲泡，茶叶体积也会缩小，便于贮运。

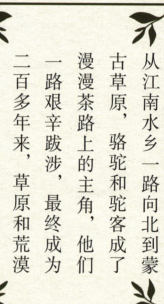

从江南水乡一路向北到蒙古草原，骆驼和驼客成了漫漫茶路上的主角，他们一路艰辛跋涉，最终成为二百多年来，草原和荒漠上令人难以忘怀的剪影。

第三辑

塞上驼铃

走西口

关外谋生

明代初年，为了阻遏、防御北方势力的南扩，明廷先后18次修筑长城，最终完成了东起鸭绿江、西至嘉峪关、总长12700多里（合6350多千米）的万里长城。长城沿线修筑了许多关隘城堡，如喜峰口、古北口、独石口、张家口、杀虎口、

山西右玉县明长城

得胜堡、老牛湾堡等。

中原老百姓往来于长城内外，需要通过长城沿线修筑的关隘口，因此老百姓用"口里""口外"来指代长城内外。

从明代末年开始，中国历史上出现了著名的大规模迁徙事件——"走西口"，从山西西部、西北部，陕西北部等地到塞北，历时近3个世纪，整个过程时间跨度长、规模大。

走西口

走西口，又称"走口外""跑口外"，指明末清初开始一直持续到民国时期，历时近3个世纪，山西西部、西北部，陕西北部等地老百姓，一代代出关到人烟稀少的外长城地区，从事农耕和行商的移民活动。

右玉县杀虎口

中原人离乡背井走西口，归根结底是因为自然灾害频繁、土壤贫瘠、人地矛盾突出等原因，而塞北地区地广人稀，适合移居；当然走西口也跟朝廷政治腐败和连年战争密不可分。生活极度贫困，被逼无奈的老百姓纷纷背井离乡、肩挑背驮，踏上了漫漫西口路，去关外谋生。这是一部辛酸的移民史。

杀虎口

通常，中原人出关走两条路线：一条从山西中、北部出发，一路向西，从杀虎口出关进入内蒙古；另一条过大同，经张家口出关进入内蒙古。杀虎口、张家口，是几百年来人们"走西口"路线上的重要通道。

"西口"广义上是"山西长城诸口"的统称；不过山西附近的老百姓习惯于把位于大同以东的河北张家口称为"东口"，把位于张家口以西的杀虎口称作"西口"，因此，狭义上"西口"指的就是杀虎口这一个口隘。

杀虎口，明代时称"杀胡口"，在今山西省朔州市右玉县西北35千米处，坐落于古长城脚下，是山西与内蒙古两省的交界处，一向以重要的军事地位闻名遐迩。

"胡"，是中原人对北方少数民族的称呼，明代时胡人经常南侵滋扰中原百姓，为了抵御蒙古瓦剌南侵，明朝军队多次从这里出兵征战，这个口隘故得名"杀胡口"。

到了清代，康熙帝为了安抚胡人，也为了蒙汉民族的团结，特颁旨将其改名为"杀虎口"。

从地形上看，杀虎口两侧高山对峙，东靠塘子山、西傍大堡山，两山之间是开阔的苍头河谷地，这条狭长的走廊，自古就是重要的南北通道，到清代它更是成为通往恰克图和俄罗斯各地的重要商道。

"大盛魁"商号

创业

300多年前的一天，杀虎口这个军事重镇迎来了一位来自山西太谷县的年轻后生——王相卿。他就是清代著名旅蒙商号"大盛魁"的创始人。

幼时的王相卿过得很凄苦，他自幼父母双亡，一直跟随着姐姐生活，长大成人的王相卿不甘寄人篱下，最终选择了走西口。当他随着滚滚人流穿过岐道地来到杀虎口，肩上扁担挑的便是他全部的家当。

大盛魁创始人

大盛魁

大盛魁，商号名，由清代山西人王相卿和伙伴张杰、史大学开办，从全国各地贩运商品到蒙古销售，后成为对蒙贸易中最大的商号。极盛时，大盛魁员工六七千人，商队骆驼近两万头，几乎垄断了蒙古牧区市场。

康熙御驾亲征雕像

　　杀虎口，是内地通往蒙古大草原的必经之地。王相卿决定
留在杀虎口寻找机会，为了生存，他给人当佣工，其间结识了
两个志向相投的山西老乡——张杰和史大学。相同的身世与处
境，以及都想谋一番大事业的决心，让他们变得更加亲密，于
是他们结拜成为异姓兄弟。

　　17世纪末，蒙古部族首领噶尔丹率兵攻打清军，威逼清廷，
康熙皇帝决定御驾亲征，平定噶尔丹叛乱。

　　军队远征千里之外的漠北，面临的巨大难题就是后勤保障，

清廷出兵平定叛乱

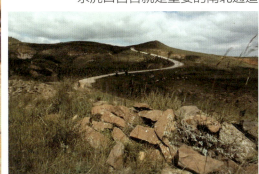

杀虎口自古就是重要的南北通道

据《大清圣祖仁皇帝实录》记载："其地不毛，间或无水，至瀚海等沙碛地方，运粮尤苦"。为运送大批粮草和给养，清廷决定征调内地大批商贾及民夫随军出塞，为清军提供给养供应。

王相卿三人加入了随军贸易的商人中，被招进安北将军费扬古的队伍，为安北军部队采买食用的牛羊。在和蒙古牧民打交道的过程中，他们学会了简单的蒙古语。三人虽然资本少，但买卖公道、服务周到，大家都愿意光顾，而王相卿三人的诚实、勤奋、友好也给清军将士留下了很好的印象。

　　征讨噶尔丹大获全胜后，清军主力部队进驻大青山一线布防，杀虎口便成了清军后勤供应的重要转运站。

　　此时的王相卿三人也随安北军来到了乌里雅苏台和科布多，费扬古将军把乌里雅苏台和科布多赶不回关内的一批牛羊牲畜，赏给了王相卿他们。突然降临的惊喜让三人极为兴奋，他们想方设法将牛羊群赶回杀虎口出手，这笔财富成了三人创业路上收获的第一桶金。

大青山北坡秋景

转机

　　王相卿等人看到了商机，于是联合杀虎口的几个同乡开设了一家商号，名叫"吉盛堂"，专门为清军提供烟、酒、茶叶和其他日用品。

　　不过，他们的创业之路并非一帆风顺。杀虎口商家云集、竞争激烈，吉盛堂生意惨淡、难以为继，心灰意冷之下，张杰、史大学决定返回家乡另谋生计，王相卿坚持留了下来，并孤身一人继续经营着小小的吉盛堂。

大同得胜堡——古代边塞贸易的马市之一

幸运的是，王相卿的坚韧与耐心迎来了命运的转机。

此前，在平定噶尔丹后，康熙皇帝随即取缔了明朝设立的散落在大草原上的马市，以封锁与蒙古地区的贸易。不过，清政府很快发现，马市虽然被取消了，但私底下汉蒙之间的商贸活动仍如火如荼地进行着。尤其随着《尼布楚条约》《恰克图条约》的签订，中俄之间的茶叶贸易渐渐形成规模，蒙汉互贸进行得更加频繁。

马市

马市，中国古代中原王朝与边疆少数民族相互交换物资的集市贸易，因以交换或收买马匹为主，故名马市。

草原上的马

为了顺应新形势变化，清政府对蒙古的贸易适度放开，同时也针对"旅蒙商"采取了一套既利用又限制的政策。

清政府规定，边商赴蒙贸易，不得在蒙古拥有固定住所，只能流动经营；只有获得清政府发放票引的商人才能赴蒙从事贸易活动；商人只能在清廷指定路线进行贸易，并接受清朝驻蒙古官员的监督。

归化城（今呼和浩特）

归化城模型

当时，要想在边境做生意是十分困难的。比如，商人想要做茶叶贸易，要先想办法拿到清廷颁发的茶叶票引才行，有了票引做凭据，才能将茶叶贩运到蒙古去售卖。通常，一张票引可以运50千克茶叶。

王相卿利用自己多年来在军队中积攒的人脉，想方设法打通关节，终于拿到了在蒙古高原游牧点上进行贸易的票引。拿到票引之后，他写信将张杰、史大学二人请了回来，三人继续合作。这次，他们把商号改名为"大盛魁"。在三人齐心协力下，生意越做越好，越做越大，到康熙末年，他们将"大盛魁"总号移到了乌里雅苏台，后又迁到归化城（今呼和浩特）中。当然这是后话。

"大盛魁"的经营模式与多数晋商的家族式企业不同，为了公平起见，他们商定三人平等拥有大盛魁的股权，这样的合作模式，成了中国近现代股份制企业的雏形。

在大盛魁创立之初，尽管有了票引，但是他们本钱不多，无法进行大宗商品买卖，再次创业的日子依旧举步维艰。至于大盛魁是如何发迹的，则流传着多种说法。

一个说法是：一年临近年关，由于接连几天大雪封门，生意不好，三兄弟连没钱买菜的钱都没有，只能煮上一锅白粥打发年关。

  这时门口来了一位背着包袱要饭的蒙古族老汉，三兄弟将他请进了门，并拿出仅有的米粥给老人喝了。老人离开后，三兄弟发现他把身上背着包裹落下了。三人左等右等也不见人回来，后多方查访也无下落，打开包裹一看，里面是满满一包银子。

  王相卿三兄弟一合计，决定暂时借用这位老汉留下的银子作为商号资本，扩大经营。对艰难创业的大盛魁来说，这笔资金真可谓雪中送炭，商号也借此将生意做了起来。

  为此，大盛魁定下一个规矩：每年大年初一，商号既不请客与同行联络感情，也不摆酒席酬劳辛苦了一年的员工，所有人必须在掌柜们的率领下恭恭敬敬地喝上一碗稀粥。哪怕后来

呼和浩特市大盛魁影视城

大盛魁商号（老照片）

大盛魁的经营者换了十几代，每一代人都坚持不渝地遵守着这个规矩。

在大盛魁的经营历史上，他们始终坚持股份制的运营方式，王相卿他们把商号资本分成三股：一股归他们三人，即"财股"；另一股是"身股（即人力合股）"，这是对掌柜、伙计实行激励的奖励股，这十分利于调动员工的积极性和保证商号的稳定发展；第三股就是"财神股"，王相卿等人认为，是财神在他们最困难的时候，化成老汉帮助他们渡过了难关，于是他们专门设立了"财神股"，并将这股产生的分红记入"万金账"，作为公共股，任何人不得取出据为私有。

大盛魁就这样靠着所有
人艰苦的努力和灵活的经营
策略日渐壮大起来。

制胜法宝

草原"丹门沁"

在蒙古高原上流传着一

牧民用牲畜和皮毛交换所需物品

草原上蒙古族过着游牧的生活

句谚语：一条舌头的商人挣钱有数，两条舌头的商人挣钱刚够，三条舌头的商人挣钱无数。说的就是，会讲蒙语、汉语、俄语三门语言的人，更容易挣到钱。

王相卿他们常年和蒙古人打交道，早已克服了语言沟通上的障碍，而且他们十分熟悉游牧民族的生活习惯。他们发现，蒙古游牧民生产的主要商品是牲畜和皮毛，而他们需要的粮食、茶叶、布匹和日用百货却十分短缺。这些日常用品只能从定期举行的边关互市贸易中换取，对蒙古牧民来说，很不方便。

蒙古族生活场景

王相卿他们发现这个商机后，决定为蒙古牧民送货上门，他们做的工作就相当于内地肩挑手提做小生意的货郎担，蒙古牧民称之为"丹门沁"。

货郎担好干，"丹门沁"却难做。蒙古地广人稀，气候条件恶劣，运送货物要走几千里，这家跟那家之间往往相隔几十里、上百里，其中的艰辛可想而知。这时大盛魁的"人力合股"经营方式，就极大地调动起全体员工的积极性，为了更多的分红，员工们都积极参与，克服重重困难运货。

就这样，大盛魁商号将从内地贩运来的茶叶、物品、药材等，一路长途跋涉送到牧民家里，再从牧民家收购来牲畜，卖到京城或卖给驻扎在边关的部队。

舍利招财

由于质量好、信誉高、适销对路，大盛魁经营的商品深得牧民们的喜爱。经过数十年苦心经营，"大盛魁"最终成为拥有伙计6000余人、骆驼近20000头，年贸易总额达千万两白银的大商号，王相卿三人也因此成为垄断蒙古市场的商界巨头，大盛魁商号雄踞蒙古大草原260多年之久。

大盛魁之所以能取得如此大的成功，是因为大盛魁做生意讲求"舍利招财"。

比如，最初草原牧民并不重视羊毛，所以草原上到处飘落

大盛魁的传家宝——衡器

着羊毛，谁捡着就是谁的。大盛魁却用砖茶向牧民换羊毛，把无人要的羊毛变成草原上的一项大宗商品。

再比如有一年科布多草原赶上大灾，牧民无力交付税银，大盛魁就站了出来，为牧民代垫税银，然后将其列入赊账生意账目，只需牧民用羊、马归还就可。

据说，在大盛魁的厅堂里供奉着关老爷的财神像，关老爷像下供奉着三样传家宝：一是一条扁担，代表着"大盛魁"是挑着货物上门送货的草原"丹门沁"；二是两个木箱，说是财神爷送来银子时用过的箱子；三是一块石头，是称重用的衡器，代表公平买卖。

在财神像的两边，则是一副对联，上联是"贪心惹祸，十分仍不满足，乃人生大病"，下联是"舍利招财，一味就学吃亏，是处世良方"。

"学吃亏""舍利招财"，正是大盛魁经商两百多年屹立不倒的制胜法宝。

互信联盟

深入牧区做贸易时，大盛魁十分注重和蒙古地区上层人士建立紧密联系。

传说，王相卿在前往乌里雅苏台做生意的途中，恰逢一个蒙古贵族的女儿身患重病，王相卿用山西民间秘方治好了这位小姐。为了报答王相卿的救命之恩，蒙古贵族将女儿嫁给了王相卿的三儿子。就这样，大盛魁通过和蒙古地区贵族的联姻，建立起了互信联盟。

算盘和秤

蒙古贵族

有了蒙古地区王公贵族的担保，大盛魁在与蒙古牧民交易时，就不用担心欠钱、赊账、逃债等问题，大盛魁商号的利益就能得到有效保护。

大盛魁商号还积极与僧人、召庙建立密切联系。召庙即蒙古族喇嘛教的寺庙，其在蒙古草原拥有着独特的政治地位和经济地位，每年都会举行大型庙会和各种节庆活动，为商号提供了做生意的绝佳时机。

大盛魁和蒙古地区的召庙达成共识：召庙同意大盛魁商号的驼队在其领地上贸易。作为回报，大盛魁商号的驼队在经过召庙领地时缴纳过路费，同时无偿给召庙送去必需的生活用品。

召庙不仅拥有自己的牲畜、土地、人口和财富，能与商号进行贸易，而且为茶叶贸易提供了交易场所，同时还能为运输茶叶的驼队保驾护航。与召庙良好的关系和喇嘛教的有力支持，使大盛魁的生意如虎添翼、蒸蒸日上。

喇嘛教佛塔

货通天下

茶叶分号

两百多年来，大盛魁把生意做得风生水起，甚至出现这样一种景象：只要是大盛魁商号出的货，蒙古牧民便会争相购买。大盛魁品牌在牧民心中深深地扎下了根。

相比于其他商号的"有什么就卖什么"，大盛魁商号却是牧民"想要什么就卖什么"。比如，蒙古牧民喜欢穿结实耐用的斜纹布，大盛魁就会专门组织货源，并将其裁成不同尺寸的蒙古袍料；蒙古牧民日常生活所用的蒙靴、马毡、木桶、木碗、奶茶用壶等必需品，大盛魁全都按牧民习惯专门进行加工。

在琳琅满目的生意中，大盛魁最倚重的还是茶叶生意。大盛魁人始终坚持的一点，就是紧紧抓住蒙古牧民极其重要的需求物资——茶。

喇嘛教

喇嘛教，又称藏传佛教、藏语系佛教，流行于中国西藏、青海、甘肃和四川西部一带藏族居住区，以及内蒙古、蒙古国等地。

藏传佛教强调显密结合，并把密修（闭关静修）放到相当高的地位；藏传佛教实行活佛转世制度，活佛地位崇高，拥有政治、经济和宗教特权，是政教合一社会的首领，藏传佛教以活佛为中心，组成一套僧职系统和寺院管理制度。

牧民尤爱砖茶

"川"字金文字形

茶不仅能解油腻，还能提供身体所需的多种微量元素。随着喇嘛教的传入，饮茶逐渐成为蒙古人日常生活中不可或缺的部分。

蒙古人饮茶的习俗形成于元代，草□着这样一句谚语："宁可三日无肉，□可一日无茶"，由此可见蒙古同胞对茶的执着。蒙古牧民尤其喜欢好储藏耐保存的砖茶，为此，大盛魁自设茶庄，专门进行砖茶加工。

□光年间，大盛魁将总会迁往归化城，□各地建立和收购了一系列的分号，分号的名字大都用"川"来结尾。"川"取自"海纳百川"，寓意创造源源不断的利润。大盛魁第二代大掌柜秦钺认为："大盛魁是海，小号就是川。川越多，海就越阔。"

大盛魁开办了两个重要的茶叶分号——三玉川和巨盛川，这两大茶庄对大盛魁的发展起到了重大作用。"川"字砖茶，是中国历史上第一个砖茶品牌，至今仍被中国内蒙古和蒙古国甚至俄国远东的居民所青睐。

牧民每日必不可少的奶茶

求源從上

木本水源承先澤

春霜秋露啟後思

湖北羊楼洞茶号古建筑

三玉川茶庄是大盛魁投资 10 万两白银建立的，总号设在山西祁县。茶庄根据蒙古游牧民的饮茶习惯，专门将制茶点设在了湖南安化和湖北羊楼洞，自采自制出各种砖茶，然后通过茶叶之路销往蒙古和俄国。

　　据悉，大盛魁每年销出的砖茶多则三四万箱，少则四五千箱。按当时的价格估算，每年茶叶的销售额多则上百万两白银，少则数十万两白银。可见，三玉川茶庄出产的砖茶，质量上乘，在蒙古草原和俄国备受欢迎。

贸易垄断

　　来自全国各地的商人，带着从武汉、福建等地采购来的茶叶、丝绸、土布、瓷器、手工艺品，从南方绵延北上，到了山西黄花梁的岐道地就会分道扬镳：走东路的去了张家口，从张家口北上乌兰巴托和恰克图；走西路的则穿越杀虎口，进入内蒙古直抵归化城。

　　从张家口、归化城开始，交通工具便从船只、骡马大车换成了驼队，因为只有驼队才能跨越蒙古高原上的茫茫戈壁和漫漫沙漠。

大盛魁拥有庞大的驼队

归化城这个货品集散地，随着茶叶之路的繁荣和大盛魁的崛起，日渐成为中国北方最大的贸易中心之一。据悉，在茶叶之路的繁荣时期，归化城有多达 16 万峰骆驼穿行于大街小巷，是草原上名副其实的骆驼城。

大盛魁这家超级商号，更是享有"半个归化城"的美誉。

大盛魁自己就拥有庞大的驼队，每天，驼队都会满载着货物，从归化城向北、向西，通过三条大道，往来于茶叶之路上，将商品输送到几乎整个中国西北地区和俄国。大盛魁的商贸活动不仅渗透到整个蒙古高原，而且西去新疆乌鲁木齐、库车、伊犁，北抵莫斯科，南跨中原腹地，几乎垄断了整个北方草原和蒙古地区的经济命脉。就这样，大盛魁逐渐发展成一个面向广阔蒙古高原和中国西北地区的综合商贸物流公司。

大盛魁的经营范围涉及各行各业，不仅包括内外贸易、种植、养殖、借贷、钱庄、典当、毛皮、牲畜、茶行、运输业、绸缎庄等常规业务，甚至连军队政府的后勤供应、代收、税费、制币等业务也悉数囊括。

大盛魁财力雄厚，鼎盛时期拥有员工 8000 人，总资产就多达上亿两白银。正是利用这些雄厚的资本，大盛魁开设了大盛川票庄，专做汇兑生意，旗下钱庄遍布北京、天津、上海、汉口、沈阳、张家口、归化城、包头等地。

归化城成为北方最大贸易中心之一

除了生意场的春风得意，大盛魁拥有的特权也越来越多。诸如，很多掌柜用钱捐了或大或小的官职，既是商人又是官人。去收债时，他们就会穿上官服、戴上官帽，让人心生畏惧；去送货时，他们又是长袍马褂、和气生财。这让他们在草原上更是如虎添翼，获得了更多行商的便利。

票庄

票庄，又称票号、汇号或汇兑庄，清代以经营汇兑业务为主的信用机构。

明末清初，汇票作为汇兑的工具已经开始流行。乾隆、嘉庆以后，由于埠际贸易扩展，汇兑业务发展迅速，专营汇兑的票号应时产生。

道光初年，山西平遥县西裕成颜料庄改组为日升昌票庄，是最早的一家票号。其后，平遥、祁县、太谷三县商人继起，将原来由商号兼营的汇兑业务划出或重新集资设立票号，形成山西人独占的一大新兴行业，通称山西票号、西帮票号、西号，外国人称之为山西银行。

骆驼商队

驼铃

大盛魁在草原、沙漠运送货物，全靠骆驼商队。

当中国东南沿海笼罩于硝烟之中，大英帝国的舰队正猛烈炮轰厦门，发动第一次鸦片战争时，远在蒙古高原上归化城里的大盛魁商号门前却人声鼎沸，满载货物的骆驼和成群的护卫犬组成的商队即将启程，他们一路向北，将去往库伦和恰克图。

由骆驼组成的队伍在绿色的草原上拉开一条长线，前面的骆驼已经消失在远处的山梁里，后面的骆驼才刚站起、缓缓朝前挪动。说话声、驼铃声与狗吠声交织在一起，热闹非凡。

骆驼

骆驼，又称橐驼，偶蹄目骆驼科骆驼属，是双峰驼和单峰驼的统称。驯养的骆驼可供乘、驮、挽曳综合役用，为荒漠和半荒漠干旱地区的重要交通运输工具。骆驼足有厚皮，适宜在沙漠行走。骆驼耐干渴，能辨识路途，还能嗅知 10 千米外的水源，有"沙漠之舟"之称。

呼和浩特塞上老街

驼队由藏獒护送

休整中的骆驼商队

正在出关的驼队

草原上的蒙古包

驼队出发的时间多选在每年 11 月到来年 4 月之间，主要原因就在于，这段时间蒙古高原多被冰雪覆盖，河流也会被冻住，更容易通行。

一支标准的骆驼商队，通常由"营火""把子"和"房子"构成。一个营火由 2 ～ 4 人组成，3 个这样的"营火"就组成了一个"把子"；每一"把子"包含有 14 ～ 20 峰骆驼。比"把子"更大的单位是"房子"，每顶"房子"包括 14 "把子"骆驼。

驼队沿途的食宿都是在临时架起来的"房子"中进行的。"房子"规格有所不同：大"房子"能承担 40 人左右饮食起居，中等"房子"可以承担 30 人左右，最小的"房子"能承担 17 ～ 20 人食宿。

当驼队从归化城向北深入到草原、戈壁腹地，有的"房子"会直接前往恰克图，有的则化整为零，分成若干个小"房子"，到各居民点进行流动贸易。

深入草原和沙漠腹地的驼队

载满货物的驼队

驼客

据记载，大盛魁一直都有 10 ~ 15 个"房子"在经营着买卖，也就是说，有近 3000 峰骆驼同时行进在茶叶之路的漫漫旅程上。

通常每顶"房子"由七八条藏獒守护，而在大盛魁，跟房子的藏獒总数少则六七百条，多的时候达 1000 多条。由藏獒数量可大致推测，大盛魁在役骆驼最多可达 3 万多峰，少的时候也有七八千峰。

草原驼客

驼队与驼客是中俄茶叶贸易通道上的主角。

驼客，就是管理和照顾驼队的人。给驼队带路的人叫领房人，领房人是驼队的灵魂，除给驼队带路外，他还肩负着辨别方向、驼队安全、饮食等责任。经验丰富的领房人，能确保驼队在一望无际的戈壁、沙漠中安全抵达目的地。

驼队日夜兼程、风餐露宿，历尽艰险行走在茫茫雪原、戈壁上，承担着通往库伦、恰克图的运输重任，将中俄之间贸易紧密联系起来，来自中国南方的茶叶才能源源不断地输送到遥远的俄罗斯腹地。

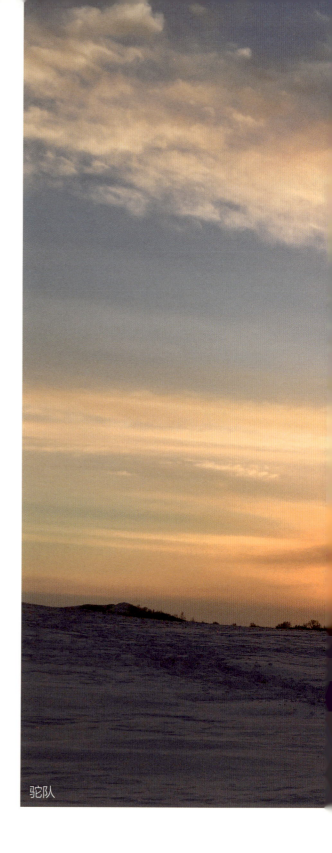

驼队

骆驼商队中的驼客（老照片）

　　驼客一生几乎都在这条路上奔波，到最后往往是客死他乡。每到这时，驼客都会交代自己的伙伴将他的尸体带回故乡。当时的人们采取的一种特殊办法叫作"叠尸"，把去世的驼客身体折叠起来，然后装到一个红柳枝条编织的货篓子里边带回去。

　　蓬头垢面的旅人，在浩瀚戈壁滩、漫漫黄沙路上艰难跋涉，在昼夜温差犹如夏冬两季的恶劣环境中坚持，吃的是莜面窝头和咸菜炒面，喝的是用牛粪烧开的雪水，途中还天天提心吊胆，不时与劫匪搏斗。他们行经的地方，渐渐有了水井，有人住了下来，形成了村落和驿站。

　　悠悠驼铃，万里茶路。200多年来，驼铃声响遍蒙古草原和荒漠，为蒙古牧民带来丰富的生活所需，更也为晋商带来源源不断的财富。

　　这是一条充满了荆棘、洒满了血泪、堆满了白骨的贸易征程，更是一条充满勇气与艰辛、奋进与拼搏的创业之路。

漫漫黄沙路

蒸汽列车

19世纪80年代之后，大清王朝走向全面衰败，此时的俄国却开始了高速工业化进程，工业、科技、航海、造船业的大发展，加剧了中俄两国综合国力的悬殊，让中国在贸易力量竞争中日渐落后，也为俄国商人带来了难得的机遇。

工业化为俄国带来了更先进的运输工具，在辽阔的蒙古高原上，中国商人的驼队与俄国人的机械化设备进行着博弈，并惨遭淘汰。中国南方的茶叶，经过俄国火车而不是中国驼队，快速运往俄国，昔日风光无限的茶叶之路和大盛魁逐渐淡出人们的视线，戈壁上的驼铃也慢慢消散成遥远的历史回声。

驼客经过的地方逐渐有了人烟

工业化

工业化，指的是某个国家通过发展制造工业，并用它去影响和装备国民经济其他部门，使该国由落后的农业国转变为先进的工业国的过程。工业化开始于18世纪60年代英国的工业革命。19世纪，美国、法国、德国、俄国、日本等国也先后开始了工业化。

湖北武汉和湖南安化，万里茶道上两个重要的茶叶生产地。几百年来，晋商和俄商在两地展开了一场没有硝烟的博弈。

第四辑

两湖茶事

被列强摧毁的圆明园

湖北茶事

第二次鸦片战争

鸦片战争后，西方资本主义列强相继侵入中国，但是，他们不满足于已得的特权和利益，蓄意加紧侵犯中国主权，进行经济掠夺。

随着《南京条约》《望厦条约》相继届满12年，英、法、美三国向清政府提出修改条约，要求中国全面开放通商、鸦片贸易合法化、进出口货物免交子口税等。要求被清政府拒绝后，西方列强决心对中国发动一场新的侵略战争。

1856年10月，英国利用"亚罗号事件"制造战争借口，悍然挑起了第二次鸦片战争。战争以英国、法国、俄国、美国强迫清政府分别签订下不平等条约告终。这之后，列强们手握侵略特权，更加肆无忌惮地从中国掠夺资源。

第二次鸦片战争

第二次鸦片战争，指的是清咸丰六年至十年（1856—1860年），英国、法国在俄国、美国支持下联合发动的侵华战争，因其实质是鸦片战争的继续和扩大而得名，又称英法联军之役。

第二次鸦片战争之后，中国签订了一系列不平等条约，丧失了150多万平方千米的领土和更多主权，中国的半殖民地化程度进一步加深。

茶叶和瓷器从海上丝路运往国外

　　不平等条约的签订迫使懦弱的清政府大开贸易口，让外国商人能自由到中国市场上贩卖物品，更是完全把茶叶贸易权拱手送给了外国人。外国商人不满足于从贸易口岸收购茶叶，纷纷深入内地茶区低价买茶，甚至建茶厂、自制茶叶，再销往欧洲，中国茶商在外国茶商的暴力碾压下更是节节后退。

汉口开埠

　　学术界一般认为，太平天国（1851年）以前，万里茶路的起点在福建省武夷山；太平天国之后，湖南安化和湖北羊楼洞

长江与汉江在武汉的交汇处

汉口码头

汉口码头往来不断的船只

就成了万里茶路的新起点，茶商们都转到安化、羊楼洞等地来收购茶叶。

湖北汉口，位于汉水和长江交汇处，水上交通十分便利，不仅是长江流域九省的物资集散地，也是中俄茶叶之路最重要的节点。

从明代末年开始，以晋商为主体的中国商人就用木船将茶叶从茶区运送到汉口，再转运到中国西北地区贩卖。饮用奶茶由此成为当地人们的生活习俗，这也是中俄茶叶之路形成的起因。

中俄《恰克图条约》签订之后，经万里茶路运送到俄国的茶叶价格会翻6倍以上，贩茶带来的丰厚利润极大地刺激了各国商人的神经。

五口通商之后，英国商人抢先深入中国内地茶叶产区，采购茶叶；而随着第二次鸦片战争结束、《北京条约》等一系列不平等条约的签订，俄国人有了在中国内陆游历经商的特权，他们开始涉足两湖茶区，并与中国商人展开了一场争夺茶叶的角逐。

茶叶商战

俄商砖茶厂

汉口开埠后，俄商紧随英商之后，在汉口设立茶商办事处，直接收购红茶。这其中就有一个名叫李维诺夫的俄国商人，准备在这里实现他的茶叶梦想。

《北京条约》

1860年，英、法、俄三国强迫中国清政府订立的关于结束第二次鸦片战争的不平等条约，继《天津条约》后扩大了侵华权益。列强通过条约攫取了更多的侵略权益，如开放商埠、割让领土、允许外国设立领事馆和允许华工出国等，侵略势力也从沿海深入到长江中下游地区。

湖北多梯田茶园

羊楼洞

東西口外洞莊川字飄香萬裏

唐宋以來羊樓三泉釀醉千年

以食为天 食以安为先

赤壁羊楼洞

1863年，不满足于从中国商人手中收购茶叶的李维诺夫，把手伸向了以羊楼洞为中心的鄂南茶区，在那里开设茶庄，直接从茶农手中收茶，并创办了外国人在中国的第一家茶厂——顺丰砖茶厂。李维诺夫明白，要想获得最大的利润，必须控制茶叶的源头。

羊楼洞是湘鄂边界的一座古镇，也是鄂南茶区的中心，在它的东、南、西、北4个方向分别是通山、平江、临湘和蒲圻，有4条茶路最终交汇于羊楼洞，茶叶从这里汇集然后运达汉口。

明代末年开始，晋商就来到羊楼洞茶区开办茶庄，雇用当地人替他们收茶、制茶，街上的茶庄最多时有200多家。第一次鸦片战争后，英国商人也来到了羊楼洞，晋商的"蛋糕"被英国人分割了一大半。汉口开埠后，俄商的到来，更是让晋商的生意雪上加霜。

羊楼洞

俗称"小汉口"，位于湖北省赤壁市羊楼洞镇，是湘鄂交界的要冲，有"砖茶之乡"的美称。羊楼洞从唐代就开始培植、加工茶叶；宋代时就以砖茶为通货与蒙古进行茶马交易；到了明代，"洞茶"更是远销海外。羊楼洞是青砖茶（也称"洞砖"）的原产地。

羊楼洞风光

四条茶路最终交汇于羊楼洞

汉口开埠后建立的海关由外国人把持，英、俄等外商只需缴纳一次性茶税即可，而包括晋商在内的中国商人则是"逢关纳税、遇卡抽厘"，根本无力与英、俄等外商抗衡。在英、俄商人的夹击下，晋商步履维艰，一点点丧失茶叶贸易的主动权。

晋商被俄商逼得节节后退，还有一个很大的原因：晋商制茶采取的是传统制作工序，从采到收全过程靠的全是人力和手工，而俄商所建的砖茶厂则研究设计出了砖茶压制机并投入生产。依据俄国人的记载，100 多年前的砖茶压制机需要 4 个人配合才能压出茶砖，差不多 1 分钟能压出 6 块砖茶。

当时，早来一步的英商是俄国商人的主要对手。李维诺夫与其他俄商在羊楼洞以高出英商几个百分点的收购价格，买断了茶叶原料。虽然收购原料的成本多出了几个百分点，不过砖茶压制机的高效运转，还是将整体成本很好地控制了下来。

这期间，俄商又在这里开设了新泰、富昌两个茶厂，他们卡住了茶区主要茶路的咽喉，几乎垄断了以羊楼洞为中心的鄂南茶区所有的茶叶原料。

茶厂紧压砖茶的流水线

从羊楼洞制成的砖茶，需要途经七里冲运到新店码头装船，距离大约有 15 千米。夏季盛水期，七里冲的山谷里到处都是泉水，人们只需把茶送过七里冲，就可以装小船运到新店；枯水期，从羊楼洞到新店码头的路途，就只能靠独轮车运送了。

从新店的太平桥码头，羊楼洞运来的茶叶装船后向西北航行 45 千米进入长江，再向东就是汉口了，再走陆路或水路，经由蒙古和海参崴运至俄国内陆。

蒸汽机压茶

19 世纪 70 年代，随着中俄砖茶贸易的不断扩大，汉口作为茶叶集散中心的地位日显突出，俄国商人在羊楼洞的几家茶厂都搬到了汉口俄租界江边。

顺丰砖茶厂迁到汉口后，更是一改原先的手工制作砖茶方式，组织了近千名中国工人，自行发电、日夜开工，用蒸汽水压机来将黑毛茶挤压为块。毫无疑问，顺丰砖茶厂成了湖北最早使用机器生产的第一家近代工业企业。高效率的蒸汽机把仍在从晋商手里收购成品茶的英国商人的利润压到了谷底。

而为了大量又便捷地装运砖茶和茶叶，李维诺夫又在长江边开辟了"顺丰茶栈码头"，专门用作茶品的运销。

俄商茶厂

俄国人带来的蒸汽机技术从客观角度来说极大地刺激了砖茶贸易的增长。据悉，1861年汉口开埠时，全年经汉口运出的砖茶不过十几万吨；1874年，汉口输出砖茶83402担，4年之后猛增至152339担，翻了几乎一番；到1894年，汉口4家俄商砖茶厂，日产砖茶2700担、茶饼160担。

不仅如此，俄国人早已打通了新的茶路，茶叶从汉口沿着长江水道一路到达上海，再转海路到天津，然后走陆路与过去晋商开辟的中俄茶叶之路重合，时间大大缩减。英国人无心恋战，撤出了汉口这个俄国人志在必得的地盘。

湖南茶事

安化出好茶

俄商将茶厂搬到汉口，还有一个很大的原因，羊楼洞的茶叶已经无法满足俄国商人的胃口，他们想要更好地控制长江流域（特别是湖南）的茶叶原料，把欧洲和俄国贵族喜欢的红茶牢牢掌握在自己手中，于是他们把目光转向距离汉口500千米的湖南安化，锁定了安化的红茶。

长江水运场景

不同茶品，发酵程度有所不同

0%

绿茶：不发酵茶　　　　　　白茶：微发酵茶　　　　　　黄茶：微发酵茶

湖南省整体呈马蹄形，西北有武陵山脉，西南有雪峰山脉，东部是湘赣交界的诸山，北部为洞庭湖平原，中部为盆地。湖南气候温和、四季分明、热量充沛、降水集中，十分适合种植茶树，光省内就有湘东、湘南、湘中、湘西和湘北 5 个茶区。

湘中茶区是湖南最大的茶区，这里的茶树品质优异，安化松针、茯砖茶、千两茶等名茶都产自这里。

湖南武陵山区张家界

茶分类

茶按照发酵程度不同，可分为六大类：绿茶、黄茶、青茶、黑茶、红茶、白茶。

绿茶属于不发酵茶，制作过程中没有发酵这一工序；黄茶和白茶属于微发酵茶，制作过程比绿茶多了闷堆的工序；青茶即乌龙茶，属于半发酵茶；红茶属于全发酵茶；黑茶属于后发酵茶。黄茶和黑茶是我国特有的茶类。

100%

青茶（乌龙茶）：半发酵茶　　　　　　红茶：全发酵茶　　　　　　黑茶：后发酵茶

安化气候湿润、植被丰富

安化位于湖南中部，境内多山，资江顺着山势从西南流向东北，两岸有渠江、潺溪等众多支流。正所谓高山云雾出好茶，这里常年云蒸雾绕，最适合茶树生长。茶树有个特性，喜光且又不喜直射，故茶树喜欢云雾多的山地，云雾的遮挡能有效提高茶树的有机物质累积率和成活率。

安化气候湿润、植被丰富、林区面积大，地表多覆盖有腐殖质，所出茶叶颜色绿、叶片肥壮、节间长、绒毛多，且叶绿素和氨基酸含量特别高，是茶中珍品。

近些年来，科学家找到了安化出好茶的根源所在，秘密就出在茶树下的土壤里——"烂石"。

茶是多年生木本植物，它要生长得好，必须将根系深扎于地下的土壤中，所以疏松透气、本身又富含多种矿物质的土壤，非常有利于茶树根脉的发展、繁衍和营养摄取。

安化就具备茶树生长的最佳土壤。安化的土壤是形成于距今六七亿年前的冰碛砾泥岩，且安化是世界上冰碛岩最集中的地区，占全球冰碛岩的 85% 以上，这在全世界茶树生长环境中是独一无二的。

冰碛岩是一类由冰川作用形成的沉积岩，主要由砾、砂、泥等冰碛物堆积固结而成。冰碛岩内含锌、硒、镁、铁、钙等数十种微量元素。从冰碛岩中长出的茶树，茶叶内含微量元素比其他地区要高出 2 倍以上，茶叶叶片肥厚、芳香味独特，口感和物理功效，也高出其他土壤所产茶叶一大截。

黑茶之乡

安化以黑茶、红茶最为有名，自古就有着"黑茶之乡"的美誉，这里几乎家家户户都在制黑茶。据悉，安化黑茶制作已传承了上千年，而安化当地人更是不喝新茶，都喝陈茶。

陈茶指的就是安化黑茶的原料，被称为"黑毛茶"。这里的人们将新摘的茶叶用竹篓装了放在阁楼上存储，祖祖辈辈都煮这种茶来喝。

黑茶

黑茶，属于后发酵茶，因茶的外观呈现黑色而得名，是制作紧压茶的主要原料。黑茶的制作，主要包含杀青、揉捻、渥堆和干燥 4 道工序。

据悉，黑茶最早起源于唐宋时期茶马交易的四川。最初，茶马互市交易的是绿茶，不过从四川雅安或陕西汉中到西藏的路途上需要两三个月时间，途中茶叶不断经历阳光暴晒和雨水淋湿的干、湿互变过程，在微生物作用下发酵，从而产生了新的茶品。于是，后来人们在制茶过程中增加了"渥堆"的工序，由此就产生了黑茶。故民间有一种说法："黑茶是马背上形成的"。

安化黑茶博物馆

茶马古道上仍可见到马匹驮着货物的景象

很早之前，茶人与晋商之间就渐渐形成一个默契——卖陈不卖新。新做的黑毛茶不但不好喝，还压秤，晋商大都不收，而是专收在阁楼上放置了很久的黑毛茶。在当地人看来，黑茶有着很强的杀菌能力，尤其在缺医少药的年代，安化山区的老百姓几乎治什么病都靠它。用安化黑毛茶煮出的茶水通常是金黄色，品质好的黑茶冲泡出来颜色红得像葡萄酒。正是因为这种"越陈越好"的特点，安化黑毛茶放置的年头越长，越能卖出个好价钱。

宋代，安化成为"茶马互市"的主要茶叶生产地，黑茶是"茶马古道"上最重要的货品；明代，晋商就在安化贩卖黑茶，明万历年间，朝廷更是将安化黑茶的"天尖""贡尖"定为官茶。

天尖

天尖，为一级安化黑毛茶，多用谷雨时节的鲜叶原料，经传统火焙黑茶工艺制作而成。通常，安化黑毛茶按等级可分为七类：芽尖、白毛尖、天尖、贡尖、乡尖、生尖、捆尖。芽尖为极品，但数量极少，未能成为市场交易的商品；在市场流通的黑茶产品中，以天尖茶为最佳。自古天尖茶就是达官贵人馈赠亲友的高档礼品，清道光年间更是被列为贡品，专供皇室饮用。

广州港

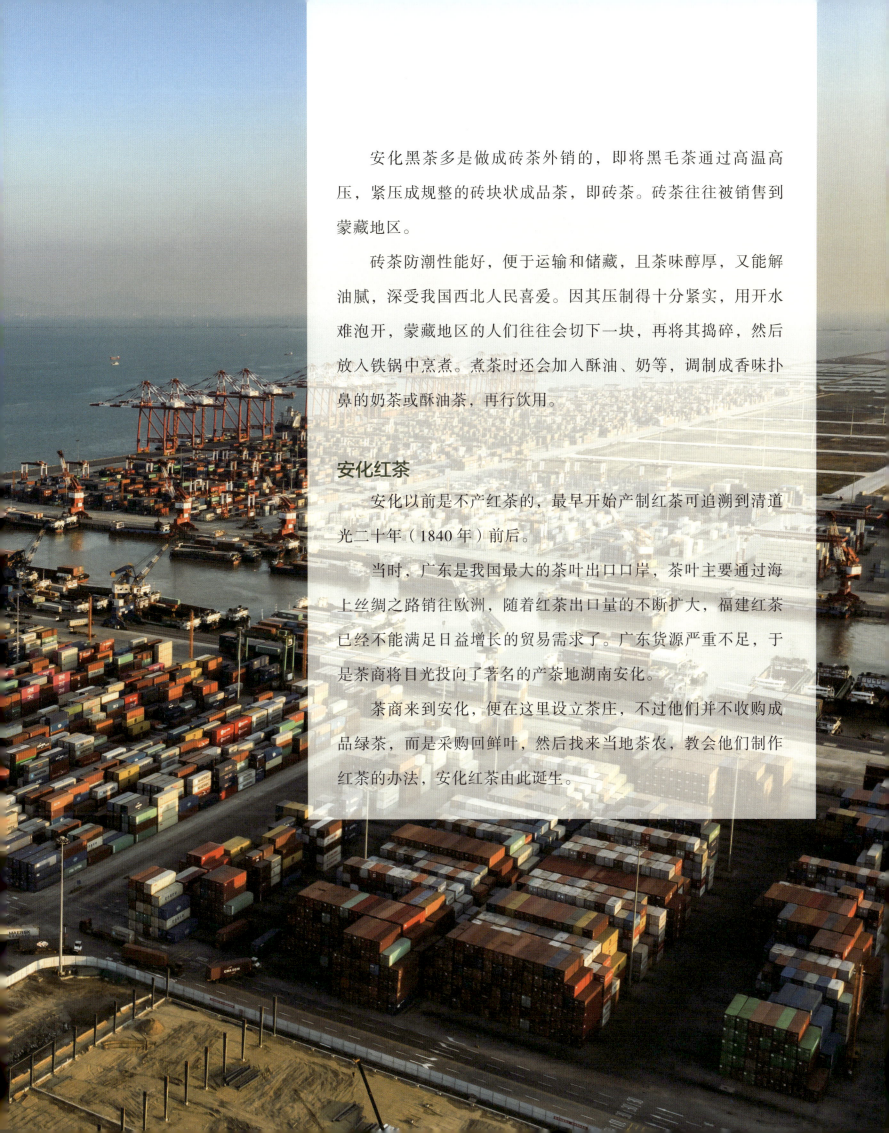

安化黑茶多是做成砖茶外销的，即将黑毛茶通过高温高压，紧压成规整的砖块状成品茶，即砖茶。砖茶往往被销售到蒙藏地区。

砖茶防潮性能好，便于运输和储藏，且茶味醇厚，又能解油腻，深受我国西北人民喜爱。因其压制得十分紧实，用开水难泡开，蒙藏地区的人们往往会切下一块，再将其捣碎，然后放入铁锅中烹煮。煮茶时还会加入酥油、奶等，调制成香味扑鼻的奶茶或酥油茶，再行饮用。

安化红茶

安化以前是不产红茶的，最早开始产制红茶可追溯到清道光二十年（1840 年）前后。

当时，广东是我国最大的茶叶出口口岸，茶叶主要通过海上丝绸之路销往欧洲，随着红茶出口量的不断扩大，福建红茶已经不能满足日益增长的贸易需求了。广东货源严重不足，于是茶商将目光投向了著名的产茶地湖南安化。

茶商来到安化，便在这里设立茶庄，不过他们并不收购成品绿茶，而是采购回鲜叶，然后找来当地茶农，教会他们制作红茶的办法，安化红茶由此诞生。

紧压茶与散茶

安化红茶销往欧洲

安化红茶

安化红茶是湖南"湖红"的一类，湖南"湖红"与安徽"祁红"、福建"建红"鼎足而立，并称"三红"。清咸丰时安化红茶就在国内外享有盛名，1915年更是作为"湖红"的代表在巴拿马万国博览会荣获金质奖章。

茶汤

据《安化县志》记载，"方红茶之初兴也，打包封箱，客有冒武夷以求售者，孰知清香原味，安化固十倍武夷"。茶商按照武夷红茶的式样，用安化红茶冒充武夷山红茶，以武夷红茶的名义卖给洋人，结果安化来的红茶迅速抓住了洋人的味蕾，外国人觉得安化红茶汤色红亮、品质更好，从此他们只要安化红茶。

于是，茶商公开使用安化红茶的牌号，将红茶投入市场，反响十分不错，甚至成为洋人追逐的茶品，从此，安化红茶远销欧美，蜚声海外。周边产茶区纷纷仿制红茶，一时间安化商船往来如梭、络绎不绝。

安化资江南岸江南镇

好山好水出好茶

高马二溪

其实早在清朝初年，湖南安化就以绝佳的茶品优势吸引了各地茶商来这里收购茶叶。据清乾隆年间的《湖南通志》记载："茶产安化者佳，充贡而外，西北各省多用此茶，而甘肃及西域外藩需之尤切""陕甘两省茶商，领引采办官茶，皆于安化县采办，以供官民之用"。

据悉，茶叶贸易兴盛时期，安化境内资江两岸的茶行多达300家，安化县江南镇本地居民仅有1000多人，可外来的山西、陕西茶商却有1万多人。他们来收购的大多是红茶，湖南全境的红茶出口量甚至能占到全国红茶出口量的三分之一。

一方水土滋养出一叶好茶。安化茶叶的硒含量能达到世界茶叶硒平均含量的7倍，有极强的抗氧化功效，能有效增强血管壁韧性、抑制动脉硬化。古人虽然无法测量出茶叶的有效成分，却能很好地品味出安化茶独有的色、香、味、韵，感受其养生功效。

行商遗要

哪里出好茶，茶商们心中有数。清代晋商的《行商遗要》抄本中就记载了安化产好茶的地名："产茶地土佳者名曰，河南境内马家溪、高甲溪。""河南"指的是安化资江的南岸，马家溪和高甲溪就是资江南岸山区的高马二溪村。无疑，高马二溪，就是安化茶区的优中之优。

高马二溪的茶树看着很小，但是树龄都很高，这里看不到整齐的茶园，而是林中茶、茶中林，是公认的产好茶的绝佳之地。

高马二溪茶园旁矗立着一块石碑，这块石碑是清道光年间立的。来这里收茶的人都知道，以碑为界，两边出产的茶叶收购价能差出10倍。

碑上写的"奉上严禁"，指的就是"奉朝廷之命"。碑文显示对茶叶的质量、交易公平、税收额度都有严格规定，如有违背，将受到严惩。

安化茶含硒量高

新摘茶叶

据碑文记载，当时的安化县令享受的是正五品待遇，这在县令里是十分罕见的，说明他直接受朝廷的委派。

在明代，高马二溪村就是"贡茶所在地"；到了清乾隆年间，高马二溪村更是被定为皇家茶园，禁止世人随意采摘。可见安化的县令应该还同时兼管着安化的皇家茶贡以及赏赐给蒙古的官茶的督造。

不难想象，几百年来，安化运茶人就像蚂蚁搬家一样，从山上茶区挑着一袋袋茶叶行走于山路上，徒步几十里，将茶叶运往资江边晋商的茶行。茶叶在安化装船，沿资江而下，途经益阳大码头，进洞庭湖，在岳阳进入长江水道后驶往汉口。

贡茶

贡茶，即中国古代专门进贡给皇室，供帝王将相专门享用的茶叶。贡茶起源于西周，迄今已有3000多年历史。当今很多名茶都曾被历代皇室列入贡茶之列，如西湖龙井、六安瓜片、武夷大红袍、君山毛尖、蒙顶黄芽、碧螺春、云南普洱茶等。

高马二溪茶园石碑

茶商与茶行

据悉，俄商李维诺夫在汉口的那些年，每担茶叶从收购、加工到运往圣彼得堡，成本不超过 7 两白银。但是茶叶到了圣彼得堡，每担就可以卖到 260 卢布，折合成白银为 140 多两，翻了 20 倍之多。

可见，安化茶有多么受欢迎，茶叶贸易的暴利有多大，茶商们一个个是赚得盆满钵满。同时也不难想象，中俄茶商的竞争有多激烈。

晋商、陕商早在明代时就已经到两湖地区来做茶叶生意了，比俄国茶商李维诺夫到羊楼洞办茶厂整整早了 100 年。遗憾的是，最终他们都败给了俄国商人。

圣彼得堡圣艾萨克大教堂

武财神关公

在资江边上有一家道光年间开设的老茶行，至今仍在继续运营，它就是陕西人在这里开的"永泰福"茶行。永泰福茶行旁边有座关帝庙，里面曾悬挂过一口大铁钟，是山西、陕西来的茶商捐铸的，所以当地人都称它为"茶钟"。庙里供奉的是关公，茶商们敬拜关公，一是敬财，二是敬忠义。

　　在被俄商打压的困难境地，当年的晋商、陕商和本帮商人非常团结，只有联手才能与不断压价的俄国商人抗衡。他们采取的措施就是：对方大力压价，那么我方就选出次茶给对方。中国商人们就用这种方法从俄商的特权碾压下挣脱出一个气口，来维系大家的生存。

千两茶

　　在安化山区的路边，能看到很多的路碑，路碑上记述的都是捐资修路人的名字以及捐修的缘由。这些路大多是清代陕商、晋商捐筑的，他们捐筑这些道路，是为了更方便地运送茶叶。

茶农和茶商的老照片

茶钟上的铭文

千两茶

安化第一茶厂

为了更好地节约运输成本，茶商们会先将收购来的散装黑茶踩紧压实，从而达到减小茶包体积的目的。"千两茶"就是这样诞生的。

"千两茶"源自清同治年间，是"三和公"茶号在陕商"百两茶"的基础上制作而成的，就是将重量1000两（36.25千克）的散黑茶用篾篓装起来，捆紧压实，做成圆柱形的茶柱，因每只茶柱的重量合老秤一千两而得名。

安化县江南镇是千两茶的发源地，直到现在镇子上还有很多人会编千两茶篾篓，古人称为"花卷篓"，用它装填的经过发酵的黑毛茶，也叫"花卷"茶。据《湖南省茶业视察报告书》记载，有3万多只花卷"悉销于晋省"，说的就是被晋商卖到山西的"千两茶"。

"千两茶"的制作工序也非常复杂，茶工将经汽蒸变软后的黑毛茶灌入垫有蓼叶和棕片的长圆筒形的篾篓中，运用绞、压、踩、滚、锤等技术，同时用棍、锤等筑制工具多次反复锤压、束紧而成，最后得到一个高1.6米左右、直径0.2米左右的圆柱体，再经"日晒夜露"、自然干燥而成。这样制作出的千两茶能很好地节约占地面积，有助于茶的运输和销售。

始建于1939年的白沙溪茶厂传承了千两茶制作技艺。每年夏天，安化白沙溪茶厂的工人都会按照传统工艺制作千两茶。

茯砖茶多销往蒙藏地区

茯砖茶

茯茶

从安化沿资江而下，快到洞庭湖之前，就是素有"大码头"之称的茶叶重镇益阳，也是今天最大的"茯砖"生产基地。1957年建成的湖南省益阳茶厂，一年的"茯砖"产量能达24万担，据悉这个产量超出了1863年俄国茶商从汉口出口的砖茶一倍还多，占到中国边销茶50%以上。

茯茶，最早出现于明代初年，历史上最初是将安化黑毛茶原料送到陕西泾阳筑制而成，因此也叫"泾阳砖"或"湖茶"；又因这种茶是在夏季伏天加工成的，得名"伏茶"，其药效似土茯苓，于是便有了"茯茶"或"福砖"的美称。

茯砖茶压制要经过原料处理、蒸汽沤堆、压制定型、发花干燥、成品包装等工序。茯砖茶具有很强的抗疾病能力，就是源于其独特的"发花"工艺。

湖南安化金花茯砖

20世纪80年代时，日本人就经常到益阳来偷师，试图获得"茯砖"的制作工艺，也正因如此，国家把"茯砖"的发花工艺列为国家机密。

打开"茯砖"茶会发现，里面布满星星点点、密密麻麻黄色的"金花"。这些像"金花"一样的颗粒，正是经过"发花"工艺产生的，科学家称其为"金花菌"，学名叫"冠突散囊菌"。通常，人们认为，"金花"越茂盛，茯砖的品质就越好。

金花菌

金花菌，是一种益生菌，是安化黑茶在特定条件下，通过"发花"工艺长出的自然益生菌体。金花菌具有较强的降脂降压、调节糖类代谢、抗癌等功效。金花菌是一种抑制作用极强的强势菌种，只要它生长出来，其他的杂菌就被抑制了。它的多少，常被人们作为衡量茯砖品质好坏的主要标准之一。

金花

　　现代科学研究证实，茯砖茶中确实存在着显著降脂减肥和降糖功能的有益成分，"金花"能有效调节人体新陈代谢、保健效果显著。也正是因为它神奇的作用，在几百年前，陕商、晋商把茯砖茶销往西北时，当地的百姓就是通过"金花"的多少来判断茯砖品质的。

　　茯砖茶茶汤橙红透亮，滋味醇厚悠长，是以肉食为主的高寒地带以及高脂饮食人群最好的茶饮。西北地区人们常说一句话，"一日无茶则滞，三日无茶则痛"，可见茯茶在他们生活中的重要性。

　　1861年汉口开埠，俄商进入中国内地，在中俄茶叶之路上输给俄国人的晋商，渐渐丢掉了中国北部的茶叶市场。对于安化的晋商来说，把茶叶销往中国西北边疆，几乎是他们唯一的选择。他们也正是用这种"茯砖"来经营他们在中国西北的最后一块市场，维持自己的生存。

泡好的茯茶

西伯利亚铁路上的旧蒸汽机车

茶叶之战

100多年前，从湖北羊楼洞到湖南安化，从晋商在益阳的茶叶集散地到俄商在汉口的砖茶厂，从两湖到西北边疆，晋商与俄商围绕着两湖茶山、汉口埠口，进行了一场力量悬殊的茶叶争夺战。

1861年，汉口开埠。

1862年，俄国解除茶叶海运禁令，俄商可以通过水运直达天津，再深入中国北部。

1863年，俄国商人在湖北开设茶厂。

1864年，俄国下令禁止中国茶叶从西部边界进口，封锁了晋商西北茶叶出口通道。

1873年，俄商在汉口开办了大型茶厂，十几年后砖茶的出口量急速膨胀到每年30多万担，彻底垄断了中国北部的茶叶市场。

到了1904年西伯利亚大铁路通车以后，大量中国茶叶开始"倒灌"，被俄国商人走私到中国新疆，晋商在中国西北最后的阵地被俄国人在20世纪初一并吞下。

1917年俄国十月革命后，俄商在汉口江滩旁的茶厂相继关闭，长达几个世纪的中俄茶叶之路逐渐淡出了历史的舞台。

1919年，苏维埃政府宣布废除沙皇政府与中国订立的一切不平等条约，也是这一年，顺丰砖茶厂关闭，俄国商人李维诺夫在汉口去世。

100多年过去了，汉口这个"东方茶港"早已不见当年茶工忙碌搬茶的场景，但历史并未忘记，正是从这里，两湖地区的茶叶顺着长江水，运向海外，香飘世界。

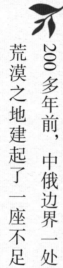
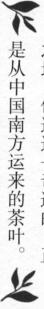

200多年前，中俄边界一处荒漠之地建起了一座不足万人的小城，这里逐渐成为世界瞩目的财富聚集涌流之地。创造这一奇迹的，正是从中国南方运来的茶叶。

第五辑

茶路咽喉要道

恰克图

恰克图，俄语意为"有茶的地方"，3个世纪之前，晋商的商队尚未抵达的时候，它仅仅是俄国与中国接壤的荒地，是茶叶之路改变了它的地位，后来，它成了万里茶路上最重要的贸易集散地。

恰克图位于俄罗斯南部边境，从这里向南行进将进入蒙古国境内，这里距离中国山西省1500千米，与茶叶之路的起点武夷茶区更是相隔3000千米。但是恰克图当地的博物馆却收藏着大量中国文物和清代晋商使用过的各种器具以及丰富多样的茶叶标本，稍不留神，参观者就可能会以为自己是在中国，而非远在几千千米之外的俄国。

从恰克图向南300多米，跨过今天的俄蒙边界，还曾矗立过一座已经消失的中国城——由晋商一手建造的"买卖城"。

俄罗斯边境小城恰克图

恰克图公共建筑

恰克图四处可见俄罗斯传统木屋

恰克图（老照片）

19世纪买卖城俯瞰图

恰克图通商口岸（版画）

买卖城遗址

买卖城遗址砖石

买卖城

买卖城，又称恰克图买卖城，是清朝外蒙古北部边境上一座专门从事对俄国贸易的重要商埠。

1727年，清朝与俄国签订了《恰克图条约》，确定两国通商，并以恰克图作为贸易地。双方约定，恰克图的旧市街归俄国，而中方在恰克图南边界另建新市街，即买卖城。恰克图和买卖城相隔不远，是当时中俄交往通商的要地。买卖城位于今蒙古国阿尔丹布拉克。

　　中俄各占一方，买卖城与恰克图以木栅相隔，双方贸易几乎全部集中于此。由此，恰克图一个小小的荒漠之地，逐渐成了万里茶路的咽喉要道。

　　1728年中俄《恰克图条约》生效之前，以恰克图为原点，向北推进2000千米的西伯利亚远东地区全都是人烟稀少的荒芜之地，当地住民依旧过着原始的渔猎生活。但在《恰克图条约》签订之后，这片辽阔的荒蛮之地逐渐被茶香唤醒，迎来它

西伯利亚苔原秋景

蓬勃的生命活力。

19世纪中叶，每年大约有6000吨茶叶，通过中国的买卖城进入俄罗斯的恰克图。这些茶叶给恰克图带来的税收，曾经占到俄罗斯全部关税收入的五分之一以上。恰克图、买卖城，两座孪生的中俄城市，创造了荒漠中的经济奇迹，这是茶馈赠给19世纪的礼物。

关税

指的是一国由设置在边境、沿海口岸或境内的水陆空国际交往通道的海关机构，按照国家制订的关税税法及有关规定，对进出境的货物和物品征收的进出口和转口贸易的税收。征收关税是一个国家行使主权的行为，目的是为增加财政收入，保护本国生产和国内市场。

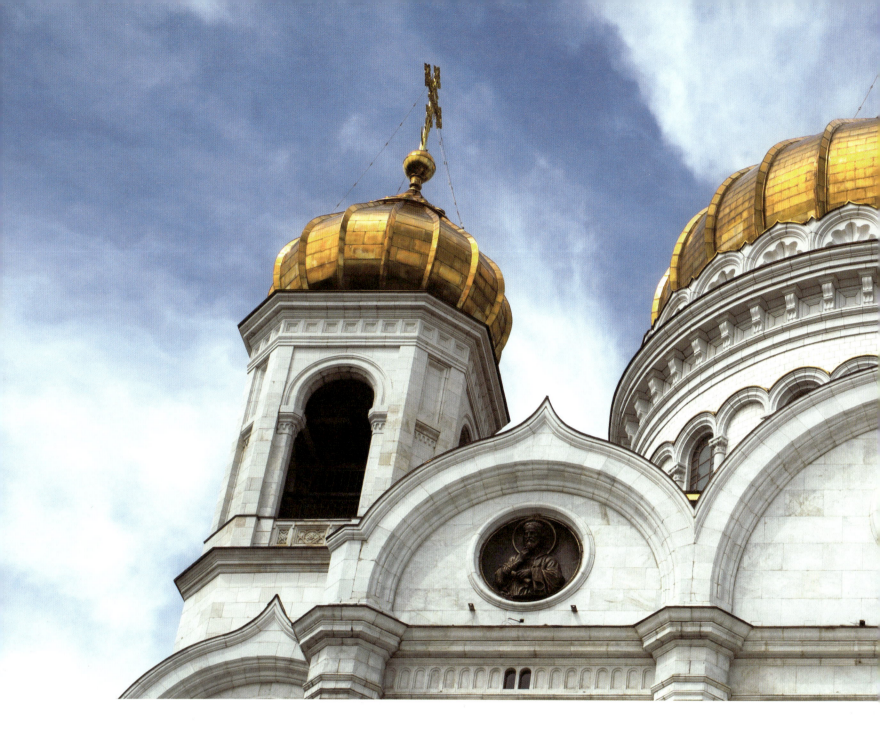

恰克图街市上体量庞大又破败不堪的公共建筑和规制考究的东正教教堂，看起来与这座小城毫不相称，实际上却昭示着它们曾有过的非同寻常的历史，也透露出俄国在 19 世纪迅速崛起的秘密。

恰克图博物馆建成于恰克图贸易的黄金时期，这里拥有大量记载恰克图茶叶贸易的珍贵文献，很多已经成为孤本。这些历经动荡存留至今的文字和数据，为后人描画出昔日繁盛的生动场景。

恰克图博物馆

　　俄罗斯学者西林在他的著作《十八世纪的恰克图》中这样写道：这种日常饮品让本来荒凉的北境变得热闹起来，这里的商人们将各类品种的茶叶作为炫耀的资本，他们把来客从未见过的各种茶一样接一样地拿出来给他们喝。

　　一位在1870年到过恰克图的美国旅行家，更是对这里留下了颇为夸张的印象：在恰克图你必须是身家四五百万的富翁，才有资格受到尊敬。

甚至，当时远在英国伦敦的卡尔·马克思，也注意到了恰克图非同寻常的茶叶贸易。他在1857年为《纽约每日论坛报》撰写的社论《俄国的对华贸易》中这样写道：中俄贸易采用年会的方式进行，中俄双方在恰克图进行会商，决定双方商品的交换比例。

　　中国的主要商品是茶叶，俄国则是棉织品和皮毛。卖给俄国人的茶叶，总量在1852年达到了175万箱，买卖货物的总价值达到1500万美元之巨。恰克图的中俄贸易增长迅速，使得恰克图由一个普通集市发展成为一个相当大的城市。

　　恰克图，这个300年前的荒凉村落，是怎样与茶结下不解之缘的？又是如何在辉煌之后戏剧性地急速凋零的呢？

恰克图的商人们把茶叶作为炫耀的资本

卡尔·马克思纪念碑

远东

　　一般指的是中国东部、朝鲜半岛、日本、菲律宾和俄罗斯的太平洋沿岸等地区。这是西方国家向东方扩张时对亚洲最东部地区的泛称。

　　17—18世纪，以英国为主的西欧国家在向东方扩展资本主义势力时，常常以自己所在国为中心，按与其距离的远近来称谓东方各地，于是出现了近东、中近东、中东、远东等称呼。

中俄建交

1725 年，彼得大帝去世，这位意志坚定的改革家生前破除阻力，让俄国走上了现代化之路；而他的继任者，也就是他的妻子叶卡捷琳娜一世，则为俄国开通了一条涌流近 200 年的财富之路。

当时俄国向西进行的领土扩张形势严峻，不仅深陷与土耳其战争的泥潭中，而且还遭遇了法、英、普鲁士同盟的对抗。因此新组建的叶卡捷琳娜一世政府急于在远东地区创造一个和平环境，以免腹背受敌。

彼得大帝

即彼得一世，为俄国沙皇、统帅，史称彼得大帝。在位期间，他派遣俄国使团前往西欧学习先进技术，甚至本人化名先后在荷兰、英国等国学习造炮、造船和航海技术。回国后效法西欧发达国家，在国内积极兴办工厂，发展贸易、文化、教育和科研事业，实行全面改革。可以说，彼得一世时代的改革促成了近代俄国的政治、经济、文化、教育、科技等的全面发展。

彼得大帝和妻子叶卡捷琳娜一世

PETRO PRIMO
CATHARINA SECUNDA
MDCCLXXXII

彼得大帝

中俄边境额尔古纳河对岸

此刻的中国也迎来一位新的统治者——雍正皇帝，叶卡捷琳娜一世决定以祝贺雍正登基的名义，向紫禁城派遣一个高规格使团，她相信富庶的东方大国可以给俄国带来更多财富。

1725年10月，一个由1600余人组成的庞大使团，携带贵重礼物从圣彼得堡出发，开始了前往北京的旅程。担任使团领队的是萨瓦伯爵，萨瓦出身于波斯尼亚贵族，是彼得大帝时代最为著名的商人之一，常年活跃于上层社会，年近六旬的他被任命为赴华使团的全权大使。

此行，萨瓦还承担着一项重要使命，就是要说服中国执政者，在漫长的中俄边境线上开设通商口岸。正是在他的一手规划下，恰克图这片荒凉牧野开始登上国际贸易的舞台。

俄国使团特意安排了3名测绘人员随队，经过沿途勘测，他们发现了一条新的商路，这条路线将圣彼得堡到北京的距离缩短了1000多千米，同时经过中俄边境一片不为人知的平坦地带——恰克图。

萨瓦伯爵之所以选择恰克图，还因为这里拥有一条向南流入蒙古地区的河流，可以保证俄国人的水源不被投毒。而且与俄国接壤的蒙古部落已被清朝降服，成为大清帝国的庶民，不必担心安全问题。没有战乱的侵扰，恰克图自然也就成了萨瓦心中未来通商口岸的理想之地。

北京紫禁城

1726年10月，经过一年的长途跋涉，萨瓦终于抵达北京。他的使团受到了雍正王朝前所未有的高规格礼遇。根据萨瓦自己记载，七八千名清朝士兵从城门一里之外，一直列队到使团下榻的驿馆门前。1726年11月4日，雍正皇帝接见了萨瓦，不但破格将他安排在二等文官的站位，而且亲自从萨瓦手中接过国书。

　　雍正之所以给予萨瓦使团非同寻常的礼遇，是因为他和新执政的女沙皇有着相似的忧虑。让雍正皇帝忧虑不已的"罪魁祸首"，是大清帝国西北方向的准噶尔部，准噶尔部依旧雄踞天山南北，他们是康熙皇帝至死都未能消灭的敌人。

平定准噶尔部

准噶尔部

　　指的是中国西北地区以畜牧业为主的游牧民族，明清时期厄鲁特蒙古四部之一。17世纪30年代游牧于巴尔喀什湖以东至伊犁河流域，后势力渐大，并成为四部之首，统治天山南北，雄踞西北，与清朝中央政府长期对抗。

　　为统一西北地区，清代康熙、雍正、乾隆三朝多次与准噶尔部进行了战争，直到乾隆二十年（1755年），清军两路进抵伊犁，俘准噶尔汗达瓦齐，天山南北路归中央直接统治，准噶尔部众于战乱中大量伤亡，存者或归附清廷，或投入哈萨克、俄罗斯。

在与俄罗斯接壤之后，清帝国统治者第一次了解到这个同自己一样拥有广袤领土与众多子民的强大国家。如果这个国家与准噶尔部联合，将成为足以将雍正从安眠中惊起的噩梦。

正是因为这个纠缠不休的噩梦，在与俄国使团的谈判中，清政府几乎答应了俄罗斯方面的所有要求。

从1727年10月到1728年5月，萨瓦在北京居住了7个月。在此期间，他还承担着为沙皇收集情报的使命。经过大量观察与打探，萨瓦在给俄罗斯宫廷的报告中写道：中国并非像人们所想的和很多历史学家夸大的那样强大有力。对当今的中国皇帝，没有任何人感到满意，因为他压制本国人民，比起罗马暴君尼禄还有过之而无不及；他把数千人迫害致死，成千上万的人惨遭掠夺以致彻底破产。

此时，在俄罗斯的心脏地带，从法国兴起的启蒙运动已经深刻影响到了宫廷的统治者。在崇尚理性、追求知识的西方风潮影响之下，俄罗斯科学院已经成立。在更远的英国，早期蒸汽机已经被发明，工业革命正在酝酿之中。遗憾的是，中国清政府的雍正皇帝刚刚赢得权力斗争，并不关心科学和工程机械。

雍正皇帝朝服像

雍正是历史上第一位穿洋装的皇帝

萨瓦向俄国宫廷提交报告

早期蒸汽机车

叶卡捷琳娜一世对边境安宁做出许诺，以此换得与中国直接贸易的机会。1728 年 6 月，中俄《恰克图条约》条约正式生效，始终奉行闭关锁国政策的清政府，将紧闭的国门打开了一点口子，给予了俄国一些特别优待。

　　萨瓦以出色的外交才能完成了使命，他在北京为俄罗斯争取到的利益远远超出了女沙皇的梦想。不过，中俄贸易的发展形势大大超出了双方签订者的意料。

沙漠商路

　　在萨瓦的主持下，第一批建筑人员早在《恰克图条约》签订之前，就已经到达中俄边境荒凉的山谷，开始建设他们心中的城市。

蒸汽机车示意图

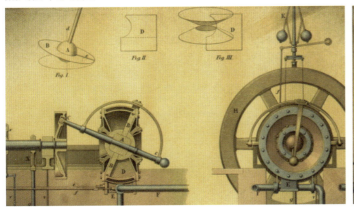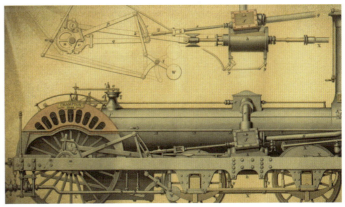

俄国旅行者拍摄的恰克图

19 世纪的买卖城

恰克图与买卖城之间的间隔

西伯利亚地区的俄国木屋

两个月后，这些俄国官方派遣人员已经按照萨瓦设计的图纸，搭建起一座院落，拥有 12 个粮仓和 32 幢供商人居住的木屋，此外还建了一个拥有 24 个铺面的客栈。

与此同时，在恰克图南面不到 400 米的地方，中国边境之内，一座由晋商出资、属于中国的贸易城市，也破土动工。按照晋商的习惯，它被称为"买卖城"。

为了维护市场秩序，中俄双方在各自的城市中分别派出了 30 名军人，并分别指派官员进行管理。

这是 19 世纪俄国旅行家们笔下的"沙漠威尼斯"：南来北往的富商巨贾云集于此，每逢开市，这里车水马龙、人声鼎沸，两市区酒馆、茶楼、戏台热闹非凡，绸缎、珠宝、玉器应有尽有。

买卖城，这是一座专为茶叶贸易而生的城市，也是一座奇特的城市：晋商是它唯一的建设者与居住者，城市规划和建筑形制完全遵照晋商家乡的传统。清政府对晋商严格实行"旅商制"，严禁晋商携带家眷，所以城中没有一名女性居民，这一点曾让初到这里的俄罗斯人惊诧不已。

每年的 9 月至来年的 4 月，是恰克图的贸易季节。不过，恰克图与买卖城建成之后，繁荣景象并没有随之自动涌现。

据记载，1728 年 9 月 5 日，4 名中国商人和 10 名俄国商人进行了恰克图历史上的首次交易。条约签署后的最初几年，恰克图的年交易额最多只有 1 万卢布，这个数字不到日后鼎盛时期的五百分之一。而最为惨淡的 1733 年，全年贸易额竟然只有 1508 卢布。

茶票

　　茶引票据的简称，也叫茶引，是茶叶贩运的凭证，相当于"卖茶许可证"。

载着货物的骆驼

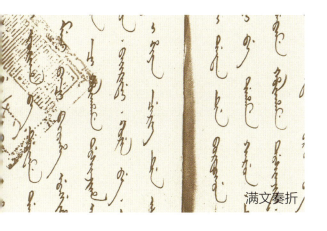
满文奏折

保存于中国第一历史档案馆的一份满文奏折，记录下了最萧条的 1733 年茶叶之路上晋商们真实的生存状态。

这一年，晋商朱成龙从张家口出发，他手下雇用了 9 名汉人和 10 名蒙古人，他们携带着货物以及好不容易得到的官府票证踏上了漫长商旅。

1734 年 6 月 18 日，当时驻守北疆的清代官员查克丹向军机处呈送了一封满文奏折，正是这封奏折，将朱成龙这个小人物的名字留在了史料之中。

原来一个月前，查克丹手下的巡查部队，抓获了 3 名私越边卡的俄罗斯人，一同被抓的还有 1 名晋商，这名晋商就是朱成龙。

私越边卡贸易的晋商

当时，朱成龙正与俄罗斯人进行茶马交易，他们用手中的茶叶等货物同俄商交换了 12 峰骆驼、120 匹马、16 头牛。

本来，交换完货物之后，他们半年辛苦奔波很快就将得到回报，他们马上就能踏上返乡路途，这次巡查却将朱成龙抓了个现行，他的命运也因此发生改变。

《恰克图条约》实施之后，中俄贸易依旧在清政府的严格管制之下，参与交易的晋商，不但必须持有官府颁发的票证，而且只能在票证标注的地点进行交易。

朱成龙所持的票证上面，标注的交易地点是恰克图。但是由于当时恰克图城内的惨淡局面，朱成龙并没有去恰克图而是绕行去了其他地方交易，由此他被官府认定为走私，由查克丹亲自审问并呈报军机处，交易所得物资全部没收。朱成龙走投无路，自刎身死。

可惜的是，朱成龙并不知道，恰克图城的贸易情况，是各方势力角逐的结果，而自己只是被历史车轮碾压的一粒微不足道的尘埃。

《恰克图条约》签订之初，俄国政府想把中俄国际贸易牢牢抓在手里，不给私商一点机会，他们仍旧盼望着每三年一次赴北京的贸易，而对中俄恰克图贸易不够重视。

北京故宫

凯瑟琳宫

　　而中国方面，清政府对与俄国人做生意更是毫无兴趣，且出于安全考虑，清政府一直试图停止俄国商队的来京贸易，希望将中俄贸易牢牢局限在恰克图之内。

　　对清政府来说，签订《恰克图条约》的初衷本来就不是为了

叶卡捷琳娜二世

促进商业贸易，而是借此作为遏制俄罗斯疆域东扩的手段。甚至清廷上下普遍相信，那个远在寒冷北方的强大帝国，从贵族到平民，每天的生活已经离不开茶。只要掌控他们的茶叶供应，就可以遏制他们扩充疆域的野心。这就是所谓的"以茶制夷"策略。

1762年，俄罗斯历史上威望仅次于彼得大帝的叶卡捷琳娜二世继位成为新沙皇，她决心改革旧制，宣布国家商队不再垄断皮毛经营，任何人都可以从事国内及跨国皮毛贸易。

新政一出，恰克图贸易迅速迎来了它迟到的春天，大批俄国商人涌入恰克图，促进了恰克图贸易的迅速增长。

不过繁荣持续未久，国境线上，一些俄国不法商人通过非法途径进入中国，滋惹是非，不可避免地引起了中国官方的强烈不满。

乾隆朝服图

由于边界纠纷，乾隆皇帝在 30 年内 3 次下达闭关令，闭关时间一共长达 15 年。在清帝国最为强盛的时期，"以茶制夷"策略实际上非常有效。闭关导致茶叶之路中断，使得俄国境内茶价大幅上涨。当时从西欧通过海运抵达俄国的茶叶，售价要比恰克图茶叶高出 4 倍以上。

最主要的是，俄罗斯人对恰克图的茶更为钟爱，视之为上等茶。这是因为茶叶之路的运输全程天然酷寒，茶的风味得到了有效保存；而海运茶途经热带海域，湿热环境让茶的品质大为受损。

恰克图闭关期间，不仅使滋味醇厚的陆路茶变成奢求，整个西伯利亚远东地区的经济也遭受重创。据记载，许多家庭因失去茶叶贸易而变得贫困乃至靠乞讨为生。

故宫乐寿堂

故宫午门

故宫宫殿

故宫日晷

龙是古代皇权的象征

在以恰克图为交易中心的茶叶之路上，络绎不绝的过往商队为沿途居民提供了大量就业机会，从而令整个区域的经济面貌大为改观，但是清政府的闭关政策使得这些以茶路为生的居民失去了生活来源。

因此，俄方迫于国内需求和经济压力，与清廷协商重新开市。中俄双方于1792年缔结《恰克图市约》，结束了时间最为漫长的一次闭关。

在这份新订立条约的第一条中，当时的乾隆皇帝就以傲慢的语气威胁道：恰克图互市于中国初无利益，大皇帝普爱众生，不忍尔

国小民困窘，又因尔萨那特衙门吁请，是以允行，若复失和，罔再希冀开市。

　　这是乾隆皇帝对自己的人生以及帝国最为满意的时刻。可惜的是，在他自诩"十全老人"，并为安享晚年而在紫禁城修建奢华的乐寿堂时，全然不知此时的世界已经迎来一个全新的时代。

　　这是 18 世纪的最后几年，法国大革命正在如火如荼地进行，而英国人已然驯服了蒸汽，接下来将是电力。但是清朝统治者依旧把自己认作天下的中心、世界唯一的文明国度，对世界正在发生的变化毫无知觉。

《恰克图市约》

　　是中国清政府和俄国于清乾隆五十七年（1792 年）在恰克图订立的条约。条约的签订，源于俄国守边官员屡次违约，以及中俄双方在关税规定、越境犯罪处理等问题上的分歧，这些问题导致清廷下令关闭恰克图边境贸易。后来，俄国迫于自身利益，与清廷商议重新开市，并接受了清廷的要求，清乾隆帝于是同意恢复通市，中俄双方遂于 1792 年在恰克图订立了《恰克图市约》。

茶通万里

1792 年 5 月，恰克图重新开市，由此，中俄贸易进入一个长达 60 多年的稳定发展期，恰克图也终于迎来了它姗姗来迟却辉煌灿烂的黄金时代。

重新开市后，此前居住在蒙古重镇库伦的山西茶商纷纷入驻买卖城，而来自莫斯科、塔拉等地的俄罗斯商人也不远万里来到恰克图从事贸易。

据记载，"复活大教堂"就是由当时的恰克图商人集资修建的，大教堂刚建成时，其豪华程度仅次于圣彼得堡的伊萨基辅大教堂，在俄罗斯位居第二。教堂内部装饰有奢华水晶，祭坛前的双重大门由纯银制造，据悉重达 900 千克，此外还有 1 吨左右的白银被用于教堂的各处装饰。

复活大教堂

恰克图商馆（老照片）

恰克图贸易和货物仓储地

　　距离复活大教堂不远处，就是这些惊人财富的来源地——商人们进行贸易的商馆。这是一个封闭式的大型院落，建成于1841年，拥有72间店铺，人们可以在这里进行交易以及货物仓储。

　　在这里，来自中国的茶叶被重新包装等待发出，来自莫斯科等地的代理商们纷纷调度好每批货物，他们将前往伊尔库斯克、秋明、下诺夫哥罗德等俄国各商贸中心，以及更加遥远的欧洲城市进行售卖。

版画中的恰克图

恰克图公共建筑

　　据悉，仅在这座大型建筑落成后的第一个 10 年，俄国政府从这里收取的关税就高达 530 余万卢布。这个数字的 90% 都来自茶叶贸易。整个 19 世纪上半叶，恰克图一个城市上缴的关税，占了俄国全部关税的 15%~38.5%。

　　从复活大教堂前行两分钟，还可以看到恰克图著名茶商卢什尼科夫曾经的住所，虽然年久失修，但却依旧气度不凡。

　　这座住宅的墙壁厚达一米以上，足以抵挡恶劣天气以及炮火攻击。住宅的主人乐善好施，很多俄罗斯探险家和科学家以及来自美国的旅行家都曾经是这里的座上宾。那些记录下恰克图独特风景的文字，或许就完成于这所房子的某个窗下。

　　曾经在这条恰克图的主要街道上，居住着 20 多个身价百万乃至千万的富豪家族。这些富豪不仅衣着紧跟巴黎潮流，而且思想开明，很多家庭都拥有自己的文化沙龙，和追求自由主义的十二月党人保持着友好往来。

　　当时，这座城市常住居民只有 8500 人，却拥有 9 所教育机构，很多居住在买卖城的年轻中国人也经常来恰克图的学校听课，在这里学习俄语。而恰克图的菜园里也种植着来自买卖城的中国水果以及蔬菜，两座城市之间显然拥有着密切的友谊。

恰克图茶商富豪们的住所

买卖城场景

从恰克图向南 300 多米就是买卖城所在的地方，当年的雕梁画栋已经荡然无存，历经劫难保留下来的只剩下几块石刻的基座。

两个世纪前，从恰克图出发，向南步行几分钟就可以到达买卖城，两座城市形成了一个完整而活跃的贸易圈：白天，两国商人无需护照就可以自由过界；夜晚，两城之间则实施宵禁，只有节日例外。

对于买卖城中的交易景象，俄国人帕尔森在他的旅行日志中留下了翔实的记录：

俄国人涌进买卖城商铺

　　买卖城彩灯成行、辉映如昼，大批俄国人拥入城中，观看中国彩灯和烟火，以及中国艺人的精彩表演。游人虽然冻得发抖，却热情不减。好客的中国商人则非常殷勤地招待客人，不厌其烦地请客人品尝各种甜点以及美酒。俄国妇女们带着家人成群地涌进商铺，毫不客气地大嚼糖果，痛饮中国商人为他们端来的绍兴醇酒和中国药草浸酒。

　　平时交易过程中甚至不需要翻译。中国商人会使用简单的俄语对话，虽然生硬，但是俄商都能听懂；有时俄商为了便于中国商人理解，还会故意将俄语说得像中国腔调。各种不同腔调的汉语、蒙古语、满语、俄语混杂在一起，赋予了这座草原中的国际都会以奇妙音韵。

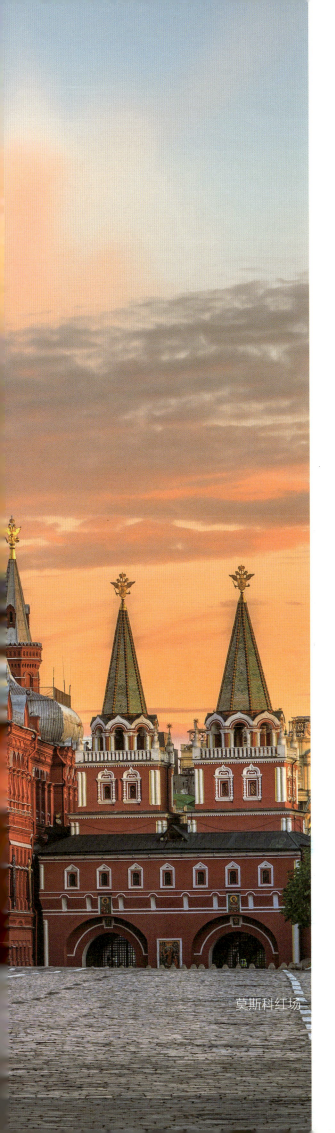
莫斯科红场

一位西方旅行者这样描述买卖城的交易过程：我先用法语对我身边的少校表述，少校再将我的话翻译成俄语，告诉布里亚特翻译。这个翻译对一个中国官员说蒙古语，然后这位官员再给他的上司翻译成汉语。我怀疑我们所说的真正的话根本传达不到对方那里，我们的对话只是一种由好奇引发的相互恭维。

19世纪中叶，买卖城与恰克图贸易的年交易额最高时达到1362万卢布，接近当时中国进出口总值的五分之一。俄国紧随英国之后，成为中国的第二大贸易伙伴。

在鼎盛时期，有150多家商号在买卖城经营业务，通过这些商号，每年约有6000吨茶进入俄罗斯，其中三分之二是上等红茶，三分之一为砖茶。茶叶占到了当时买卖城全部出口商品的95%以上，恰克图贸易给中俄双方带来了巨额利润。

遗憾的是，进入20世纪20年代，中国陷入混乱的战争局势，买卖城毁于战火，城市遭到废弃，不再有人居住，原址上也再未建造新的建筑物。

俄国旧式铜币和银币

在广袤的蒙古高原上，晋商也曾在包头、呼和浩特、乌里雅苏台、乌兰巴托等城市周围，留下多处用作交易场所的"买卖城"。通过现存遗址以及当年到访者留下的记载，今天的人们可以大致复原出这座已消失的中国城的轮廓：

全城南北各 3 座门，东西各 1 座门，共计 8 座城门。北门上悬挂着牌匾，上有"北方雄镇" 4 个大字，城市东侧是一座规模宏大的关帝庙，14 家晋商大商号分布于 4 条主街。

透过错落有致的中式屋檐，可以远眺恰克图的尖顶教堂，

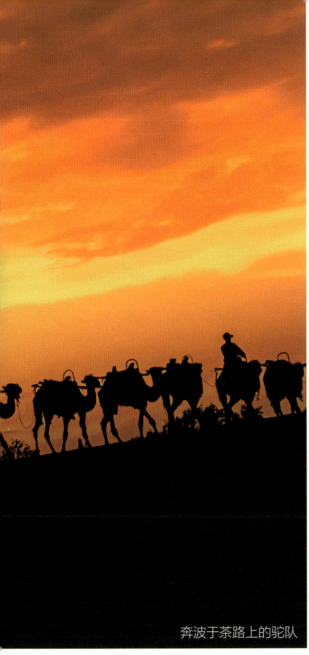

奔波于茶路上的驼队

排队入城的商队（老照片）

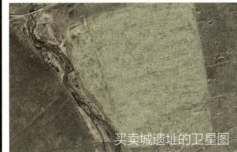

买卖城遗址的卫星图

各地的"买卖城"遗址

两种截然不同的文化就这样和谐共存了两个多世纪。

在今天距地面684千米高空拍摄的卫星图片上，还可以清晰辨认出买卖城的城市范围和主要街道。买卖城以遗迹的形式，为已经消失在北半球的茶叶之路，镌刻下一枚纪念印章。

200多年来，不辞辛苦奔波于万里茶路上的晋商们，为中国茶叶的国内外贸易乃至茶产业的发展做出了巨大的贡献，创造了茶通天下、货通天下的丰功伟绩。

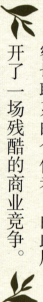

19世纪，中俄两国茶商，互相跨越国界，开启了国际茶叶贸易的尝试。晋商与俄商，这一对茶叶之路上曾经密切联系的合作者，由此展开了一场残酷的商业竞争。

第六辑

茶路终点

西伯利亚重镇

　　过了茶路咽喉要塞买卖城和恰克图，进入俄国境内。茶叶顺着茶叶之路，再向北运输 100 千米，就到了西伯利亚重镇——伊尔库茨克。

伊尔库茨克安加拉河风光

17世纪的伊尔库茨克，被哥萨克人开辟为军事要塞，随后成为俄罗斯人对西伯利亚进行考察探险的重要基地。19世纪，西伯利亚地区发现金矿之后，这里又成为炙手可热的淘金之城。

不过，最终决定这个城市面貌和性格的，是来自中国的茶叶。伊尔库茨克从一开始就与中国茶叶有着密不可分的历史渊源。

苏联时期最大的茶叶加工厂就位于伊尔库茨克，其产量能占到俄国茶叶销售总量的一半左右，一个多世纪前，第一位深入中国内地开设茶园的俄罗斯商人也是来自这座城市。甚至在更早的1762年，俄罗斯宫廷刚刚解除对茶叶贸易的官方垄断后，这里就迎来了商人的黄金时代。

俄式旧茶炊

西伯利亚

指的是乌拉尔山脉以东的北亚大部分地区，属俄罗斯，面积约为1300万平方千米。东西介于乌拉尔山脉和太平洋海岸之间，北临北冰洋，西南抵哈萨克丘陵，南与中国、蒙古和朝鲜接壤。

西伯利亚依据地形可分为西西伯利亚平原、中西伯利亚高原、东西伯利亚山地3部分，所蕴藏的土地、能源和矿产资源十分丰富。

伊尔库茨克可谓是西伯利亚地区拥有古建筑数量最多的城市，拥有 1300 多处历史建筑和文化遗产。这些精美的建筑全都是近两个多世纪以来建造的，几乎都是当时的俄国茶商们苦心营造的。

伊尔库茨克是茶叶之路在俄国境内的第一站，中国茶叶被运送到这里之后，一部分会在当地商店出售，一部分向东运往北美阿拉斯加，一部分则向西沿着茶叶之路向俄罗斯的中心地带继续运输。

特殊的地理位置将伊尔库茨克与中国茶叶紧密结合起来，它由此成为 19 世纪俄罗斯茶叶贸易的集散中心，也是茶叶之路上的茶叶变成巨额现金的第一站。而以茶商为代表的商人们不仅迅速成为这座城市的中坚力量，而且用自己的财富、见识和双手塑造了这座城市的模样。

伊尔库茨克

俄罗斯东西伯利亚南部城市，为伊尔库茨克州首府，位于安加拉河及其支流伊尔库特河汇合处，东南距贝加尔湖 66 千米。18 世纪中叶为中俄贸易中心，也是俄国内地通往外贝加尔勒拿河流域，以及中国与蒙古等国的重要转运点。

伊尔库茨克城市建筑 主显节大教堂

俄罗斯人生活离不开的茶饮

据统计，从 18 世纪初到 19 世纪中叶，中俄恰克图贸易一直持续稳定地发展着。如在 1749 年，恰克图的贸易总额为 304 万卢布，而到 1850 年就高达 1380 万卢布，纯增长了 1000 余万卢布的贸易额，从对比数据中不难发现，中俄茶叶贸易的发展速度非常迅速。

1868 年，历经严寒苦旅的中国茶商们来到了距离恰克图最近的俄罗斯大城市——伊尔库茨克，伊尔库茨克城接纳了这些远道而来的中国茶商们，为他们提供了自由便利的商贸舞台。

短短一年时间，中国商人 16000 两白银的本金就连本带利增加了 10 倍以上，茶叶贸易让他们赚得盆满钵满，让大量白银回流中国。

恰克图贸易总额对比
（单位：万卢布）

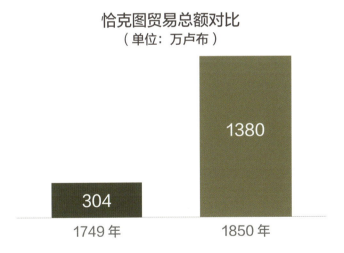

俄罗斯博物馆展陈的中国物件

伊尔库茨克的商人们最先注意到这个不同寻常的迹象，并报告了俄国政府。沙皇政府大为震惊，中国茶商一下子被他们视为入侵者，俄国大使甚至向清政府总理衙门提交了一封措辞严厉的外交文书，表示了强烈抗议。

这个外交事件一定让清政府大为吃惊，因为在当时，中国商人出国赴俄贸易是被明令禁止的。但是一向被清政府和权贵们视为下等阶级的商人群体，却以他们特有的商业敏锐度和开拓精神，冒着危险走出国门，将茶叶生意做到了俄国。

经过清政府调查，这场"茶叶商战"的真相才真正水落石出：令俄国沙皇政府震怒不已的位于伊尔库茨克的中国茶商，只是一些散商，他们从茶叶贸易中也仅仅只获取了极小的一部分利润，毫无疑问，茶叶贸易最直接的受益者还是俄罗斯当地的茶商们和俄国政府。

不难看出，俄国人由此牢牢抓住了茶叶贸易这一有利时机，大力发展自己的城市和国家，走上了快速发展的轨道。

19世纪俄国商人修建的庄园

瓦西里·尼古拉耶维奇画像

伊尔库茨克茶商

伊尔库茨克充分利用了地理上的优势，在茶叶商贸中迅速发展和繁荣起来。这里的原住居民，在与中国商人的交往过程中逐渐学会了做生意，并且发了财。他们中的很多人甚至成了控制某一城市和地区的人物，成了大财主。

比如在 1850 年到 1852 年担任伊尔库茨克市长职位的瓦西里·尼古拉耶维奇，他不仅是伊尔库茨克著名的茶叶商人，而且还拥有慈善家、收藏家、植物学家等诸多头衔，他一手建立的私家图书馆曾经是西伯利亚地区最大的图书馆。

还是孩童的瓦西里·尼古拉耶维奇最初涉足商业，就是在被派往恰克图参与茶叶生意时，他也是在那里积累起了自己人生中的第一笔财富。

类似瓦西里·尼古拉耶维奇这样的迅速崛起者，随着茶叶贸易的兴盛而如雨后春笋般不断涌出，他们也由此构成了俄国历史上非常有名的新兴阶级，即"西伯利亚新贵族"阶级。

伊尔库茨克城市建筑（油画）

19 世纪俄罗斯新贵族

直到今天仍备受伊尔库茨克人隆重纪念的瓦西里，虽然在恰克图买卖城学到了茶叶贸易中的第一课，但他并没有去过遥远的中国城市，也从未见过茶叶生长在茶树上的样子。

　　瓦西里之后，伊尔库茨克陆续有一些俄国茶商，开始越过买卖城，沿着茶叶之路进入中国腹地采购茶叶，有的甚至直达中国东部的茶叶产区，在那里建砖茶厂，拥有了自己的茶园。

　　其中，帕维尔·安德烈耶维奇·波诺马廖夫是伊尔库茨克最为著名的茶商。1844 年，波诺马廖夫出生于一个伊尔库茨克商人家庭，他没有继承父亲的蜡烛及肥皂生意，而是选择了茶叶。1867 年，23 岁的波诺马廖夫和朋友一起来到中国汉口，在这里成立了自己的茶叶公司。

　　当时的汉口是世界茶叶港的代名词，多国茶商在此活动，但俄罗斯人却是唯一掌握茶叶生产与销售整个链条的外国商人。

沙漠驼队

依仗中俄《天津条约》与中俄《北京条约》，俄商在汉口市场的活动由私下转为公开，并在短短几年内全盘垄断汉口的砖茶生产。

茶叶之路正在发生历史性转变，波诺马廖夫恰好成为参与者之一，他显然也分享到了不平等条约与垄断带来的巨额利润。很快，他就在汉口开设了砖茶工厂，以他的名字作为商标的砖茶在西伯利亚地区广受欢迎。

波诺马廖夫在中国生活多年，自幼厌恶学校教育的他开始意识到学习的重要性，他不但熟练掌握了汉语和英语，而且还学会了种植茶叶、茶叶加工、评判茶叶等级等。这个几乎不曾接受过学校教育的人，却在西伯利亚地区创立了一个以他的名字命名的学校系统，从小学、中学一直到大学。

垄断

又称独占，指的是一种为了控制某个或若干部门的生产、销售和经营活动，为获取高额垄断利润而实行的完全排斥竞争的市场结构或行为。

运往俄国的茶山（老照片）　　西伯利亚新贵族——俄罗斯茶商

数年经营之后，波诺马廖夫在华南地区拥有了自己的茶园，可以在自己的工厂中对茶叶进行加工包装，通过自己的商队运到伊尔库茨克，然后在自己的商店进行销售，形成了一条完整的产运销商业链。波诺马廖夫的茶叶店一年的销售额几乎占到伊尔库茨克全部茶叶销售总量的五分之一，甚至连当时的俄罗斯皇后也向他订购茶叶。

或许是由于频繁往返于中俄两国之间，积劳成疾，1883 年波诺马廖夫病逝，年仅 39 岁。他在遗嘱中写到，除去留给直系亲属的必要生活费用，希望将全部财产都用于发展那些造福人类的科学和艺术。

茶叶加工

又称茶叶制作或制茶，是以茶树的新梢芽叶为原料，加工制造成不同色、香、味、形的饮用茶叶的工艺过程。这是因为新鲜芽叶不能直接饮用，又不耐贮藏，因此必须及时粗加工（初制）成毛茶，再进行精加工（精制）成精茶，部分精茶再加工成花茶、砖茶或速溶茶。

初制就是对采摘后的鲜叶粗加工，让其定型而成毛茶的过程。不同类型的成品茶有不同的初制工艺流程；精制是对毛茶的精加工，即通过对毛茶的筛分、去杂等过程，制成半成品茶，再将半成品茶按品质规格拼配成各种花色等级。

茶叶萎凋

19世纪俄罗斯茶具

波诺马廖夫学校（老照片）　　　　　波诺马廖夫基金设立的学校有的至今
仍在使用

　　于是，这些来自茶叶的财富（约 100 万卢布）被用来在伊尔库茨克地区建造了 9 所设施优良的学校，并设立了奖学金，此外波诺马廖夫的基金还捐助建设了伊尔库茨克理工学院。

　　1917 年俄国十月革命之后，波诺马廖夫基金设立的学校大部分被毁，不过有一部分至今仍在继续使用，即使一个多世纪过去，还会有孩子经常提到这位茶商的名字，因为这是他们母校的名称。

茶叶之都昆古尔

　　茶叶之路在俄罗斯境内经过伊尔库茨克之后，继续向西，跨越欧亚分界线然后进入俄罗斯的欧洲部分，在彼尔姆，茶叶之路开始由陆路运输改为水路运输。

昆古尔市景

从 1803 年至 1915 年的 100 多年间，彼尔姆的历任市长都是茶叶商人，这些商人大都出生于彼尔姆边疆区东南部的一座城市——昆古尔。

昆古尔紧邻彼尔姆，在沙皇时期昆古尔被称为茶叶之都，这里并不出产茶叶，活跃在此地的茶商们才是茶叶之都这个称号由来的根源。

矗立在昆古尔市中心的塑像是茶商阿列克谢·谢苗诺维奇·古宾。古宾是 19 世纪中下叶俄罗斯最大的茶商，和那个时期他的大部分同行一样，古宾的家族起先并未涉足茶叶生意，而是从事当地传统的制革业，皮革恰恰是原本用来同晋商交换茶叶的商品之一。

1840 年，古宾离开了他的兄弟们依旧在从事的制革业，转而经营茶叶。因为这时的俄罗斯商人们开始相信，一个属于茶叶的时代已经到来——19 世纪中叶，一箱约 64 千克的普通茶叶，在恰克图的进口价格约为 90 卢布，而当时一头牛的价值仅为 25 卢布。

制革

    指将生皮鞣制成革的过程。整个过程包括除去毛和非胶原纤维等，使真皮层胶原纤维适度松散、固定和强化，再加以整饰（理）等一系列化学（包括生物化学）、机械处理。通常可将制革工艺过程分为 3 个阶段：准备、鞣制和整饰（理）。

茶商古宾的塑像

沙皇俄国是与清政府订立不平等条约最多的国家之一，双方 1851 年至 1903 年签订的 59 件条约中，直接令俄商受益的占一半以上。

也正因如此，俄国商人在中国境内缴纳的茶叶税，竟然远低于中国商人所缴，甚至在部分地区还享有免税特权。空前的暴利造就了一大批诸如古宾这样的俄国茶商，也成就了他们的茶叶贸易事业。

古宾是一个具备现代商业理念的商人，他改变了当时俄国茶叶市场上混乱的投机行为，创立了一套完备的销售流程，还开始着手建立行业标准，确定了茶叶的品种等级和度量，并据此创建出一套制度化的销售流程和手续。他所设立的商业规范引领俄国茶叶市场朝着良性竞争方面发展。

茶叶宣传画报

旧式俄国天平秤

夜晚时分穿过苏伊士运河的船

不仅如此，古宾在中国更是拥有多家茶园，并在恰克图、天津、汉口等地都设立有分支机构。不过真正让古宾的商业版图达到鼎盛的是苏伊士运河的开通。

苏伊士运河的开通，让中国与欧俄之间的海运时间由原来的 4 个月缩减为 1 个半月左右，从汉口出发的俄国运茶船可以经苏伊士运河直抵俄国。通过这条新开发的海上茶路，以及经恰克图而来的传统茶路，古宾控制的茶叶公司在 19 世纪晚期的年营业额就已高达 600 万卢布。

苏伊士运河

是位于埃及东北部的国际运河。运河贯通苏伊士地峡，连接地中海塞得港与红海的陶菲克港，是欧、亚、非三大洲海上国际贸易的通道，于 1859 年始建，1869 年竣工并正式通航。运河通航后，从大西洋沿岸到印度洋诸港之间的航程，比绕行非洲好望角缩短 5500 ~ 8000 千米。苏伊士运河的年货物通过量在国际运河中居首位。

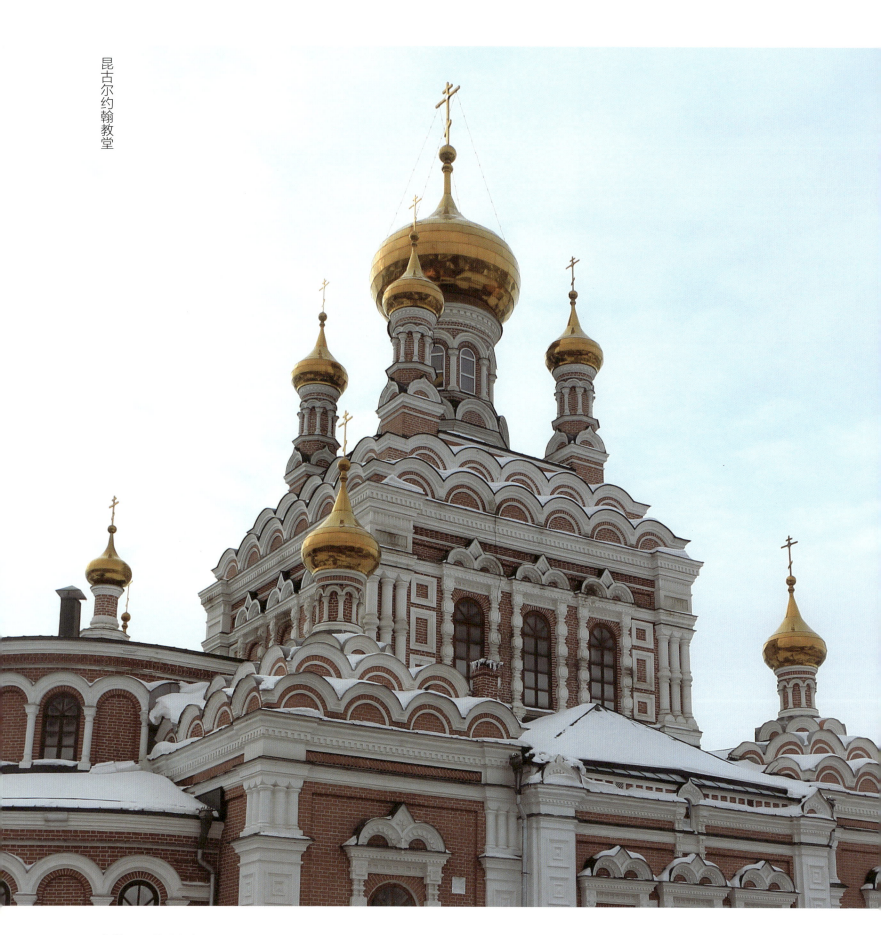

昆古尔约翰教堂

古宾的塑像出现在昆古尔市中心，不仅因为他是俄国当时最大的茶商，还因为他对这个城市是影响深远的慈善家。古宾十分重视教育，他深深觉得自己财富的得来完全依赖于科学技术革命的发展——在汉口日夜运转的蒸汽制茶机，以及在地中海隆隆前行的蒸汽海轮，成就了他的茶叶帝国。

为了在穷人中普及教育，古宾斥巨资修建了3所配置优良的学校：昆古尔运输学院、昆古尔女子技术学校、昆古尔孤儿院。这些公益教育机构，使得女子、穷人的孩子以及孤儿，也能得到学习的机会。这些机构至今依旧运转良好，昆古尔人深受其益。

制茶机

即茶叶初制机器，将原料鲜茶叶按照不同的方法和工序加工成各类成品茶的机械设备。包括杀青机、萎凋设备、揉捻机、解块机和筛分装置、发酵设备（发酸室或发酵车）、干燥机等。11世纪80年代，中国人创制了由水力驱动的水转磨来碾制饼茶，这是世界上最早的制茶机械。1850—1861年，湖北羊楼洞茶厂开始用人力螺旋压力机制帽合茶。1861—1895年，汉口茶厂用水压机压制米砖茶，同时出现了制乌龙茶和花茶的机具。这些机器全都出自俄国人开办的茶厂。

汉口蒸汽制茶厂内部（老照片）

博物馆里的茶展

昆古尔孤儿院

昆古尔运输学院

昆古尔女子技术学校

19世纪中后期，俄商开始在汉口使用蒸汽制茶机，不过当时的蒸汽制茶机多是英国制，价格昂贵，购买成本动辄数百万卢布，但因其制茶效率很高，俄商还是纷纷引进，甚至一些俄商还亲自参与制茶机械的设计。

遗憾的是，中国的制茶人以及晋商们，当时没有意识到科学技术的力量有多么重要，他们对新技术无动于衷，依旧保持着手工制茶的传统流程。

他们坚持认为，机制茶的味道不如手工茶好，但是几年后，残酷的茶叶战争将中国茶商们逼入了绝境。

不平等的对局

从彼尔姆开始，茶叶之路从水路经过卡马河与伏尔加河，抵达19世纪俄罗斯最大的贸易市场——下诺夫哥罗德，茶叶交易就是在下诺夫哥罗德的马卡利耶夫修道院院墙外的广场上进行的。

在当时，茶叶被作为其他商品的基准物，只有首先确认了茶叶当日的交易价格之后，才能据此为其他商品一一定价。

晨曦中的下诺夫哥罗德

下诺夫哥罗德向西 400 千米就是莫斯科，在莫斯科繁华的米亚斯尼茨卡亚街上，一座精致考究的中式风格老建筑显得格外引人注目。它的拥有者是俄罗斯茶商中著名的别尔洛夫家族。

这座中式建筑建成于 1896 年，这一年，作为清政府特使的李鸿章，在俄国沙皇尼古拉二世的再三邀请之下，以 73 岁高龄出访欧美各国，第一站就是俄罗斯。

别尔洛夫茶庄的主人不惜巨资打造了这座中式建筑，希望它能够吸引远道而来的中国贵客在此下榻，从而达到与清政府达成利润丰厚的茶叶交易的目的。

虽然李鸿章并没有选择在此处下榻，但这座中国风格建筑并没有白建，它最终成为一件珍贵的历史纪念品，还曾入选欧洲最美的 10 座建筑之一。它风格独特，充满了莫斯科建筑师对东方建筑的奇妙想象，在俄国享有极高知名度。一个多世纪以来，尽管经历多次政治风雨，这座茶庄始终没有停止过出售茶叶。

中国红茶

李鸿章出使俄国，让俄罗斯茶商们满怀期待，但对中国茶商来说，这并不是一个好兆头。

当时刚刚登基的俄国末代沙皇尼古拉二世，之所以指名让李鸿章出使莫斯科，其中一个重要原因就是希望通过李鸿章签署密约，让刚刚开始修建的西伯利亚大铁路能够穿越中国东北，直抵远东港口海参崴。

1896 年，特使李鸿章代表清政府与俄国签订了《中俄御敌相互援助条约》，双方在条约中达成了有关东清铁路建设相关事宜的共识。李鸿章的签字决定了茶叶之路的最终命运。

1897 年，东清铁路破土动工，以哈尔滨为中心，分东、南、西 3 条线，由 6 处同时相向施工。在壮志踌躇的俄罗斯商人的等待中，一条全新的茶叶之路已悄然出现，它会让茶叶运输不再需要驼队，不再需要恰克图，当然也不再需要中国晋商。

而中国政府和晋商对他们所拥有的这条茶路正在变得日渐荒芜的境况，还一无所知。

东清铁路

又称"东省铁路"，是"中国东清铁路"的简称。1897 年开始修建，1903—1907 年运行，是沙俄为了掠夺和侵略中国，在中国境内修筑的一段铁路，从俄国赤塔经中国满洲里、哈尔滨、绥芬河到达海参崴。抗日战争胜利后，改称中国长春铁路。

李鸿章雕像

俄罗斯索契市全景

这是一场不平等、一面倒的商业战争。

一个以地域、血亲为纽带的传统商业体系，即将对阵一个以强悍国家作后盾的现代商业体系，从一开始，对中国茶商来说，这就是一场必然会落败的对局。

然而，俄国对中国、俄商对晋商的碾压还未结束。

就在李鸿章抵达俄罗斯的同一年，在圣彼得堡以南2300千米的索契，俄罗斯茶商正在为从中国带回的第二批茶种兴奋不已，这批总重量约为59千克的茶种，尽管当时的实际发芽率仅为5%，但新发的树苗完全足够在索契建立起一个茶叶种植园，从此俄国拥有了世界上最北端的茶园。

茶叶籽

索契

　　索契，俄罗斯西南部高加索中部西侧黑海沿岸城市，地处索契河谷，北依大高加索山脉西段，属于亚热带湿润气候，冬季温暖夏季炎热，气候宜人，年降水量丰富，是俄罗斯和东欧著名的度假、旅游城市，这里有着世界上纬度最高的茶园。

　　这里虽然已是北纬 42.5° 的高纬度地区，但特殊的地理条件却让索契成为地球最北端的亚热带气候区。大高加索山脉阻挡了来自北方的冷空气，温暖的黑海则慷慨地为这里的茶园提供了足够的热量与湿度。

　　索契的采茶时间从每年的 4 月底一直持续到 10 月，全年共收获 7 次。现今的索契，茶园面积已超过 500 公顷，年产量在 1000 吨以上。距离索契市中心 20 千米的山谷间还坐落着当

索契阿丽亚尔山茶园

索契茶人（老照片）

地最大的茶叶工厂。

为了保证品质，这里等级最高的芽茶同样采取人工采摘，采茶工人都有着几十年经验，甚至他们的父辈就已经以采茶为业了。

这片茶园就像一把钥匙，它向世人揭示活跃了200多年的茶叶之路迅速消亡的原因——茶叶的生产和制作已不再由中国独属。

1780 年，著名的植物猎人——英国人罗伯特·福琼，费尽心机地将茶叶籽从中国武夷山引种到英属殖民地印度；1841 年，同样是英属殖民地的斯里兰卡，也宣告引种茶树成功。

这些新开发的茶叶种植区地处热带，几乎可以整年采茶，全都使用大机器工业化生产，同时还享受宗主国的各种税收优待。这就使得茶叶价格在 20 世纪初断崖式骤降，对中国制茶业造成了致命冲击。

在茶叶种植遍布世界的情况下，茶叶的源头早已悄然发生了改变。今天的俄罗斯，已经成为超过英国的最大茶叶进口国，不过它的主要茶叶源头却并非中国，而是印度。

而与索契隔黑海相望的土耳其，也开始种植茶树，其茶叶消费量和产量逐年递增，茶叶生产也跃居为土耳其重要的支柱产业，如今土耳其在茶叶消费量和产量上都位居世界前十之列。

土耳其里泽茶园

俄罗斯圣彼得堡莫伊卡河畔的圣伊萨克大教堂

18世纪兴起的中俄茶叶之路，堪称人类历史上最为漫长的陆路商旅。春季从武夷山采摘的茶叶，经水路、陆路，运至张家口，再由张家口至恰克图，全程约4600千米，以当时的运输工具计算需耗时4个月以上。

当运茶商队进入恰克图，草原的夏季已经接近尾声，经历万里奔波，两度季节更替，茶叶终于抵达它的茶路终点——圣彼得堡，其中一部分茶叶还将从这里出发，继续前往更加遥远的欧洲城市。

1903年，作为西伯利亚大铁路一部分的东清铁路全线运营，从圣彼得堡出发，可以横贯西伯利亚，穿越8个时区直达海参崴。彻底告别茶叶之路的时刻到来了，中国的茶叶由水路抵达天津，再海运至海参崴，然后通过西伯利亚大铁路运到俄罗斯各处贸易地。

因为拥有火车站，恰克图以北200千米的乌兰乌德，接替恰克图成为茶叶贸易的中心。由南向北流淌的色楞格河在乌兰乌德穿城而过，两个世纪前，色楞格河为俄国运来中国的茶叶，现在，铁路可以用更加高效、价格更低廉的方式为俄国带来同样的东西。

万里茶路上的中国商人

茶叶之路，这条绵延两个多世纪的漫长商路，似乎已经完成了它的历史使命。晋商作为茶叶之路的开拓者与受益者，最终也成为它的殉葬者。在茶叶之路上遭受的失败，令这个声名赫赫的商业团体几乎一蹶不振，俄商似乎在这场茶叶战争中取得完胜。

　　不过，这场胜利并没有维持太久。1917年十月革命爆发，俄商与中国的贸易全面停止，晋商与俄商这一对曾经的合作者与竞争者、曾经的朋友与对手，一同归于沉寂。

　　茶叶之路消失了，茶已经成为全人类共有的财富。俄国人称

万里茶路为"伟大茶叶之路"。它为俄罗斯人带来了浓酽的茶香，西伯利亚因它而繁盛，俄国从中收获了巨额利润，索契由此拥有了一座世界上最北端的茶园……中国的茶香由此飘香全世界，中国的种茶技术也通过万里茶路传到这里甚至更远的地方，惠及无数人。

万里茶路，不仅是东西方茶叶运输的通道，更是东西方经济文化交流与碰撞的载体，这个交流碰撞的过程并不会随着茶路的沉寂而消退。

茶韵

图书在版编目（CIP）数据

茶叶之路 / 科影发现编 . —— 北京 : 中国科学技术出版社，2024.1
（文明的邂逅）
ISBN 978-7-5236-0237-9

Ⅰ . ①茶… Ⅱ . ①科… Ⅲ . ①茶叶—对外贸易—贸易史—中国 Ⅳ . ① F752.658.2

中国国家版本馆 CIP 数据核字 (2023) 第 231667 号

策划编辑	徐世新	
责任编辑	向仁军	
封面设计	锋尚设计	
正文排版	玉兰图书设计	
责任校对	吕传新	
责任印制	李晓霖	

出　　版	中国科学技术出版社	
发　　行	中国科学技术出版社有限公司发行部	
地　　址	北京市海淀区中关村南大街 16 号	
邮　　编	100081	
发行电话	010-62173865	
传　　真	010-62173081	
网　　址	http://www.cspbooks.com.cn	

开　　本	787mm×1092mm　1/8	
字　　数	213 千字	
印　　张	36	
版　　次	2024 年 1 月第 1 版	
印　　次	2024 年 1 月第 1 次印刷	
印　　刷	北京瑞禾彩色印刷有限公司	
书　　号	ISBN 978-7-5236-0237-9/F・1195	
定　　价	198.00 元	

（凡购买本社图书，如有缺页、倒页、脱页者，本社发行部负责调换）